Stephan Wolters

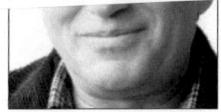

Gras in den Dünen

Band 2

Briefe und Notizen
eines Überlebenden
im Angesicht des Todes

Autor: Stephan Wolters

Cover-Foto: © Mark-Althoff
»markalthoff.de«

Cover-Entwurf: Stephan Wolters,
Motiv nach dem Gedicht:
»Dünengras«
aus: Stephan Wolters
»Gras in den Dünen
♦ Band 1 ♦ Tagebuch eines Überlebenden
im Angesicht des Todes«

Titel: Gras in den Dünen
- Band 2 -
Briefe und Notizen
eines Überlebenden
im Angesicht des Todes

Herstellung und Verlag: Books on Demand GmbH,
Norderstedt

ISBN: 978-3-8391-2328-7

Das Fehlerteufelchen wird auch dieses Buch nicht verschont haben.
Dank der Durchsicht von Miriam und Peter konnte er hoffentlich nicht ganz so viel anrichten!
Wenn doch, schreiben Sie mir!

Informationen zum Autor

Jahrgang 1950, als drittes von vier Kindern im Ruhrgebiet aufgewachsen, Ausbildung als Dreher (nebenbei Folkwangschule für Orgel und Chorleitung), Abitur, Studium (I. und II. Staatsexamen). - Viele Nebenjobs als Bauarbeiter, Fahrer, Barkeeper, Lehrer in den USA, Programmierer, Pianist, ... Nach Heirat und Trennung über viele Jahre alleinerziehender Vater zweier Kinder, heute wieder glücklich verheiratet mit einer Mutter (Witwe) von 4 Kindern. - Im April 2006 Krebsbefund von Metastasen (Merkelzellkarzinom) mit der Überlebenschance von nur wenigen Monaten. Trotz Schwerbehinderungsgrades von 100 % derzeit Lehrer in Vollzeit für Mathematik und Informationswirtschaft an einem Berufskolleg. Mai 2009

Sie finden den Autor im Netzt unter: www.duenengras.de

Sie können dem Autor schreiben unter: info@duenengras.de

Dünengras

Dünengras ist schlicht und genügsam,
legt sich in den Wind,
hält ihm stand,
überlebt!

Ich wünsche mir

die Lebenskraft und Lebensweisheit dieser Pflanze,
die sich von der lebensfeindlichen Umgebung
des Dünentreibsandes, den Stürmen und
dem Salz des Meeres
nicht unterkriegen lässt,
sondern genügsam
allen Widrigkeiten trotzt:

Sie festigt die Dünen,
hält damit das Meer von der Insel fern
und ermöglicht durch ihr Dasein
erst das Leben auf ihrer Insel.

So möchte auch ich

Bewahrer meiner Insel sein,
trotz lebensfeindlicher Umgebung.

Entnommen aus:
»Gras in den Dünen - Band 1 -
Tagebuch eines Überlebenden im Angesicht des Todes«,
ISBN 978-3-8391-2573-1

Meinen mich immer umsorgenden,
über 90 Jahre alten Eltern,
meinen Geschwistern
und meinen Kindern
und vor allem
meiner Frau
gewidmet

Inhaltsverzeichnis

5

Inhaltsverzeichnis

August 2009

Liebe Leserin, lieber Leser,

wenn uns ein Schicksalsschlag ohne Vorwarnung trifft, uns den Boden unter den Füßen wegreißt und wir schockiert, versteinert und verzweifelt sind, wenn es keine Zukunft mehr für uns zu geben und das Leben sich gegen uns entschieden zu haben scheint, wenn *nichts* mehr wie vorher ist, alle Ziele und Werte im Leben verschwimmen, sich ändern oder sich zu verschieben drohen, wenn selbst für Hoffnung kein Platz mehr bei uns zu sein scheint und wir selbst an ein Wunder nicht mehr glauben können, dann trifft es jenen Moment im April 2006, in dem ich wie ein Blitz aus heiterem Himmel das medizinische Untersuchungsergebnis erfuhr: Metastasen eines sehr gefährlichen, kleinzelligen Karzinoms, das fast sichere Todesurteil.

Aber was ist schon sicher?! – Wir, die wir letztendlich immer nach Sicherheit streben, sichere Prognosen verlangen und erwarten, wünschen uns in solchen Momenten nichts anderes als Unsicherheit, eine Restchance ... und dann vielleicht doch das unvorstellbare Wunder?!

Heute höre ich in meinem Zustand und einem dadurch bedingten Grad der Schwerbehinderung von 100 % des Öfteren: »Das sieht man Ihnen aber nicht an!«, und Verwunderung und Erstaunen sind nicht zu überhören. – »Ja, es ist wie ein kleines Wunder!«, antworte ich dann.

Ich ein Wunder?! – Nein, nicht »Ich bin das Wunder«, sondern »dass ich noch lebe«, ist ein Wunder.

Dann denke ich mir: Sind wir nicht alle Wunder, jedes Geschöpf für sich?! Passieren nicht ständig um uns herum Wunder, kleine und große, spektakuläre und mehr noch *stille Wunder*?

Hätte ich nach Feststellung meiner Metastasierung eine Wallfahrt nach Lourdes in die Grotte von Massabielle gemacht, von deren Wunderheilungen viel berichtet wird, hätte man mir meine »Heilung« sicherlich heute als Wunder attestiert, denn nach heutigem Wissensstand heißt Metastasierung des Merkellzellkarzinoms eine Restlaufzeit von nur wenigen Monaten.

Wenn ein Ereignis, dessen Zustandekommen wir uns nicht erklären können, Verwunderung und Erstaunen auslöst, sprechen wir gern von einem Wunder, entweder wenn etwas nicht eintritt, was nach unseren medizinischen oder wissenschaftlichen Erkenntnissen hätte eintreten müssen (in meinem Fall der sichere vorschnelle Krebstod) oder etwas eintritt, was nach heutigem Wissenstand nicht hätte eintreten können (nämlich in meinem Fall Stillstand eines aggressiven Karzinoms).

Aber Gott sei Dank ist Gott nicht nur in Lourdes gegenwärtig, sondern überall, gibt es Wunder nicht nur für Christen, sondern für alle Gläubigen und Ungläubigen. Gott ist für alle da! – Ich jedenfalls kann mir keinen Gott vorstellen, der nach Glaubenszugehörigkeit urteilt und danach seine Wohltaten verteilt.

Ob ein Ereignis oder eine Sache wunderbare Züge trägt und damit ein »Wunder« ist, bleibt letztendlich der Meinung des jeweiligen Betrachters überlassen. Ob hinter allem ein allmächtiger Gott steht, ebenso.

Dabei wird oft vergessen, dass Wunder (und auch unsere Beziehung zu Gott) doch letztendlich nur in unserem Inneren produziert werden, ganz individuell, ganz persönlich. Wunder sind doch nur Sichtweisen, Ansichtssache, nicht Erklärbares, für uns momentan unerwartet Positives: Was für den einen ein Wunder ist, muss für den anderen noch lange keines sein.

Deswegen ist mit »Wundern« sehr vorsichtig umzugehen. Aber wenn man schon meint, ein Wunder gesehen oder empfangen zu haben, sollte man auf jeden Fall sehr dankbar dafür sein.

So bin ich sehr dankbar

... meiner liebenswerten Nachbarin, einer sehr ehrwürdigen älteren Dame, die als eine der ersten von meinem Schicksalsschlag hörte und mich sofort und bis heute in ihr Gebet und auch in ihre Fürbitten bei ihrem wöchentlichen Gebetskreis einschloss, in der erstaunlichen Gewissheit, dass Fürbitten mehr bewirkten als alle Medizin (und sie behielt Recht!).

... der vornehmen Atemtherapeutin, einer ebenfalls sehr ehrwürdigen wunderbaren älteren Dame, die mir in den ersten Wochen nach der Hiobsbotschaft in ihren therapeutischen Sitzungen den größten Druck von meiner Seele nahm, ihre Hände wohltuend über meinen Körper gleiten ließ, ohne ihn dabei zu berühren, und besonders für ihre sehr sicher formulierte Aussage, eine so unbändige Konstitution und Lebenskraft in meiner Aura wahrzunehmen, dass sie sich einen vorschnellen Tod bei mir nicht vorstellen könne (und damit Recht behielt!).

... für die vielen Hinweise, die ich in Büchern erfahren konnte. Denn alle, die es geschafft haben, im Endstadium des Krebses (Metastasierung) den Kampf ums Überleben aufzunehmen und zu gewinnen, haben bei aller Unterschiedlichkeit ihrer Ansätze und Methoden eines gemeinsam:

Sie alle wurden und arbeiten
in irgendeiner Art und Weise
spirituell.

... den vielen Ärzten aus der Schulmedizin wie aus der alternativen Medizin, die mich auf meinem Krebs-Weg begleitet haben. Dabei habe ich für mich eines gelernt:

- der Arzt bekämpft Symptome einer Krankheit im Körper,
- der Psychologe sucht nach Ursachen in der Psyche,
- der Pastor arbeitet als Seelsorger für die Seele,

alle tragen zur Heilung bei, aber heilen nicht wirklich und allein für sich: Nur unser Körper, *wir selbst* können uns letztendlich *heilen.*

Der Benediktinerpater Anselm Grün stellte kürzlich fest: »Der Arzt heilt nicht nur durch die Medikamente und sein Können, sondern indem er Worte sagt, die dem Patienten ein Haus anbieten, in dem er zuhause sein und gesunden kann. Doch für solche Worte gibt es keinen Marktwert. Sie können nicht in finanziellen Werten gemessen werden.« - Er setzt auf Menschlichkeit, das heilende Gespräch und die drei christlichen Werte: Glaube – Hoffnung – Liebe.

Ein Heilungsprozess ohne Mithilfe des Patienten und seines physischen Körpers ist ausgeschlossen: »Selbstheilung ist die einzig wirkliche Heilung«! Wo unser Geist zu keiner Selbstheilung mehr fähig und bereit ist, kann auch unser Körper und unsere Seele nicht mehr gesunden!

Selbstheilungskräfte sind für den Gläubigen die göttlichen Kräfte, der Atem Gottes in uns, für den Nicht-Gläubigen die Kraft des »Unbewussten« oder »Universums«. Wie man es auch nennt, es sind die Kräfte, die aus unserem Geist und unserem Körper entspringen.

Mit dem Ihnen, liebe Leserin und lieber Leser, hier vorliegenden selbst gebundenen Schicksalsstrauß von Briefen und Notizen eines Überlebenden im Angesicht des Todes hoffe ich, Ihnen zu weit tieferen eigenen Erkenntnissen Ihres Schicksalsschlages verhelfen zu können. Wenn diese Sammlung ein kleiner Anstoß dazu ist, dann war die Veröffentlichung meiner Buchprojekte (siehe auch »Band 1: Gras in den Dünen – Tagebuch eines Überlebenden im Angesicht des Todes«) der Mühe wert. Sprechen Sie mit Ihrer

Umwelt, teilen Sie sich mit, beobachten Sie Ihren eigenen Wandel und den in Ihrer Umgebung. Haben Sie den Mut, mit Ihrem Schicksal offen umzugehen. Betrachten Sie beide Seiten jeder Medaille und achten Sie dabei bitte mehr auf die Ihnen verbleibenden positiven Seiten, die es immer gibt, wenn Sie denn bereit sind, diese wirklich zu suchen, zu sehen und auch anzunehmen!

Da wir alle Individuen mit unterschiedlichen Persönlichkeiten und Erfahrungen sind, müssen Sie mit mir nicht in allem übereinstimmen. In einem Punkt werden wir aber sicherlich einer Meinung sein: Indem wir uns körperlich, geistig und emotional an unserer Gesundung aktiv beteiligen, können wir das Zünglein an der Waage zum Leben und Überleben sein.

Dazu möchte ich Ihnen Mut machen, sich nie aufzugeben, an die Macht zu glauben, dass wir durchaus das Zünglein an der Waage sein können. Dann erleben ja auch Sie vielleicht Ihr »kleines Wunder«, wie ich es erleben darf: Ich lebe noch ... mit der Absicht, mein Leben zu verlängern, nicht unbedingt die Anzahl neuer Lebensjahre, aber bewusster und dankbarer will ich leben,

herzlich,

Ihr

Stephan Wolters

Affirmation

Alles
ist in meiner Welt
gut angelegt.

Mai 2006

Liebe Kolleginnen und Kollegen,

vielen Dank für alle ausgerichteten Grüße, Anrufe und Besuche.

Nach dem ersten Schock über die Diagnose Krebs im April (Metastasen des Merkelzellkarzinoms im Lymphknoten der linken Achselhöhle), nach vielen Untersuchungen und der ersten Operation kommt jetzt das Lachen wieder zurück. Ich schaffe es, wieder tief Luft zu holen und mich darüber zu freuen, dass ich eine ganz tolle Frau an meiner Seite habe, aber auch liebe Kinder, Geschwister, Eltern, Nachbarn und nicht zuletzt auch Euch.

Mir geht es psychisch gut und ich bin dabei, mein Leben vollkommen neu einzurichten. Das erfordert ungeheure Kraft und Energie. Nichts ist schwieriger, als sich zu ändern. Aber ich bin auf einem guten Weg und sehr dankbar, Erfahrungen machen und Erkenntnisse haben zu dürfen, die ich nicht mehr missen möchte und die ein erfülltes Leben erst ausmachen.

Freut Euch aber nicht zu früh, denn einige Dinge werden bleiben: Ich komme wieder in meinen Beruf zu Euch zurück, so Gott will, mit einem noch unbändigeren Lebenswillen. Und doch wird für mich alles anders sein!

Mein geliebtes Single- und Alleinerziehender-Dasein mit zwei Kindern wird nach 16 Jahren endgültig ein Ende finden. Nun werde ich Vater von 6 Kindern! Eine wunderbare Frau (mit ihren 4 Kindern) hat's tatsächlich geschafft! Statistisch gesehen lebt ein Ehemann ja auch länger als ein Single! - Ihr seht, ich nutze alle mir gegebenen Chancen! Und nichts ist schöner, als eine große Liebe erfahren und leben zu dürfen, in welchem Alter auch immer!

Meine Lage ist sehr ernst, aber nicht hoffnungslos. Aus diesem Anlass feiern wir in kleinstem Kreise unsere schon lange fällige Hochzeit, hoffen aber, schon bald wieder den Schwung und die Energie zurückzuerlangen, die nötig sind, um auch größere Familienfeste feiern zu können.

Dann hole ich einiges nach, versprochen!

Bis dahin,

herzlich,

stephan

PS: Anbei meine Hochzeitsanzeige (Hier von persönlichen Daten bereinigt)

Juni 2006

Liebe Kollegin, lieber Kollege,

über Eure Hochzeitskarte und Glückwünsche haben wir uns sehr gefreut.

Meine Lage ist aus schulmedizinischer Sicht sehr ernst, denn die Schulmedizin kann mir außer Diagnostik nicht mehr weiterhelfen, geschweige denn mich heilen. Ich bin aber nicht hoffnungslos, denn neben und über den Menschen in weißen Kitteln gibt es noch weit mehr: Der Mensch denkt, Gott lenkt. In seine Hände lege ich mein Schicksal, aber gegen den Krebs kämpfe ich vorerst weiter an ... und lebe intensiver als je zuvor: Das ist das Gute, das Wunderbare an diesem Umstand, dass Krankheit auch Aufbruch in neue Gefilde bedeuten kann.

Solange der Krebs nicht sichtbar und/oder spürbar ausbricht, habe ich noch mehr Hoffnung, ihn mental und körperlich in die Schranken zu weisen. Ich bin dabei, mein Leben absolut neu einzurichten. Dazu gehört insbesondere eine ausgewogene *Körper - Seele - Geist* - Beziehung. Das erfordert Kraft und Energie. Nichts ist schwieriger, als sich zu ändern. Das fängt bei dem an, was ich esse, und hört bei dem noch lange nicht auf, was ich psychisch noch bei mir ändern will. Ich stehe am Anfang einer großen Herausforderung, bin aber auf einem guten Weg und sehr dankbar für alles Schöne, was ich erst durch diese Krankheit wahrnehme und empfangen darf. - Meine Hochzeit war nur ein Schritt auf diesem Wege.

Man kann seinem Leben nicht mehr Tage geben, aber jedem Tag mehr Leben! Daran arbeite ich! Der Weg wird mein Ziel sein!

14

Am nächsten Samstag lade ich meine Klasse und alle vor dem Standesamt versammelten Schüler, deren dortiges Grölen mir zum ersten Mal gefallen hat, ab 16:00 Uhr zum Grillen ein. Ich freue mich, wenn Kollegen und Kolleginnen ebenfalls kommen. Während unsere fast erwachsenen Schüler erfahrungsgemäß nach zwei Stunden wieder "abziehen", werden wir Lehrer wohl die Stellung gemütlich weiter halten, um auf das Positive, meine Hochzeit, und darauf, dass es mir den Umständen entsprechend gut geht, anzustoßen. Damit wäre doch ein kleiner Anfang gemacht ...

Ich freue mich auf Eure baldige Zusage und auf Euer Kommen,

herzlich,

stephan

Affirmation

Ich stelle mich
allen Herausforderungen
meines Lebens.

Oktober 2006

Lieber Freund,

ich bin kein Arzt, aber seitdem ich mich als selbst Betroffener mit dem Thema Krebs auseinandersetze, wandere ich immer mehr zwischen zwei scheinbar unverträglichen Welten: Der Schulmedizin und alternativen Medizin. Meine beiden älteren Brüder vertreten genau jede Richtung, aber jeder nur jeweils eine.

Mein ältester Bruder, Tierarzt, Akupunkteur (und glaube mir, ich habe schon gesehen, wie er bei Pferden Nadeln setzt und sie ohne Narkose schmerzfrei operiert) und Heilpraktiker schrieb mir:

Mir scheint, Stephan, dass die eigentliche Ursache von Krebs immer mehr das »Versagen des Immunsystems«, also ein »Abwehrproblem« ist:

»Ursache von Krebs« = »Versagen des Immunsystems« = »Abwehrproblem«

Man geht davon aus, dass in jeder Sekunde im Körper etwa 2 Millionen Zellen abgebaut und neu gebildet werden (Macht: 60 sec x 60 min x 24 Std x 2 Mio. = 172,8 Milliarden Zellen am Tag: Wahnsinn).

Die Natur ist sehr verschwenderisch (z.B. Millionen Spermien für ein zu befruchtendes Ei). Bei dieser Vielzahl von Neubildungen können natürlich auch Zellen dabei sein, die schlecht programmiert sind, die nicht in die Umgebung passen noch sich anpassen können und ein Eigenleben entwickeln.

Das gesunde Immunsystem erkennt solche Fehlbildungen, isoliert und vernichtet sie normalerweise. Ist das Immunsystem geschädigt, rutschen solche falsch programmierten Zellen durch den Sicherheitsfilter (eines sonst intakten Immunsystems), bleiben irgendwo hängen, vermehren sich ohne Kontrolle: Das bezeichnen wir dann als Krebs.

Oder anders: Der Mensch verfügt über ein genetisches "Anti-Krebs-Programm", mit dem sich der Körper gegen bösartige Zellen wehrt. Dieser Zelltod-Mechanismus wird Apoptose genannt (siehe »Dt. Krebshilfe« 2/2000).

Beim genauen Hinsehen und Vergleichen von so genannten Erfolgsstatistiken ist festzustellen, dass es seit vielen Jahren zwar Erfolge in der Krebstherapie gibt, da heute erheblich mehr Krebskranke als früher überleben, aber nicht allein, weil die Therapien, sondern die Diagnosemethoden sehr viel besser geworden sind. Je früher ein Krebs nämlich erkannt wird, desto erfolgversprechender kann er behandelt werden.

Da die meisten Krebstherapien eher das Immunsystem zerstören als stärken, sollten gerade wir Krebskranken darauf achten, alles Erdenkliche dafür zu tun, unser Immunsystem zu stabilisieren und zu stärken. Zum wirklichen Gesunden sollten wir daher genau in dem Bereich aktiv mitarbeiten, der maßgeblich von uns beeinflusst werden kann. Unser Immunsystem hat da ganz wesentlich mit unserem Befinden und unserer Psyche zu tun. – Seit einigen Jahren gibt es die Disziplin der Neuropsychoimmunologie. Vor 15 Jahren wurde man noch belächelt, wenn man die Psyche mit der Fähigkeit zum Gesundwerden in Beziehung brachte.

Heute gibt es an jeder Krebsklinik Psychotherapeuten. Wer keinen Willen zum Leben hat, wird kaum wirklich gesunden können, trotz aller Strahlen- und Chemotherapien. Auch die Schulmedizin hat in den letzten Jahren – Gott sei Dank – dazugelernt!

Aber hilft das uns Krebspatienten weiter? – *Ja*, nämlich bewusst und zielstrebig mit aller uns zur Verfügung stehenden Macht daran zu arbeiten, unser Immunsystem durch richtige Ernährung, angepasste Bewegung und besonders durch Pflege der Psyche zu stärken. *»Harmonie – Wohlsein – Positives Denken«* sollten wir anstreben, ohne allerdings neue Stresssituationen zu erzeugen, d.h.

17

Leben, Essen und Trinken sollten weiterhin Spaß und Freude machen ...

Für mich als mündigen, allem gegenüber offenen, aber auch kritischen Patienten, der sich sehr wohl auch seine eigenen Gedanken machen kann, gibt es neben der Schul-Wissenschaft und Schulmedizin ein Wissen, das immer gilt und gelten wird, das aber leider allzu häufig missachtet, belächelt und sogar bekämpft wird.

Wer sucht, findet oft recht einfache Zusammenhänge, die aber wahnsinnig schwer umzusetzen sind! Man denke nur an die 10 Gebote aus dem Alten Testament, oder z.B. an die einfachsten Gebote für eine gesunde Ernährung:

Man muss nicht Ökotrophologie studiert haben, um sich gesund zu ernähren, schreibt wiederum mein ältester Bruder: *Einige alte, bewährte Grundregeln reichen aus:*
  1. *Eine einfache, abwechslungsreiche Mischkost.*
  2. *Produkte der Region und der Saison.*
  3. *So frisch wie möglich und so wenig zubereitet wie nötig.*

So einfach kann gesundes Leben sein, aber eben nicht leicht, so zu leben ...

Jeder weiß, dass tägliche Bewegung, gute Luft und wenig Stress Eckpfeiler gesunden Lebens sind. – Aber wer schafft es, dies umzusetzen und durchzuhalten?!

Je mehr man über seine Krankheit und die empfohlenen Therapieformen in Erfahrung bringt, umso mehr wird man die Erfahrung machen, dass die Schulmedizin nicht alles weiß, wie unsicher mancher Mediziner wird, wenn kritische Fragen gestellt werden! – Und eine alte Erfahrung sagt: Kritische Patienten sind für viele (Gott sei Dank nicht für alle) Ärzte zwar unangenehm und lästig, aber: *Kritische Patienten leben nachweislich länger!*

Damit werden in keiner Weise der Wissenschaft ehrenwerte Ziele abgesprochen, im Gegenteil: Ich selber begebe mich ständig in die Hände von Schulmedizinern, um mir helfen zu lassen.

Und ich bin sehr dankbar um ihr Wissen, insbesondere ihrer diagnostischen und chirurgischen Fähigkeiten. – Sie haben mir noch im letzten Monat durch eine schnelle Operation das Leben gerettet, sonst wäre ich an einer Vergiftung durch meinen abgestorbenen Blinddarm gestorben!

Aber Wissenschaftler sind eben keine Götter, sondern Menschen wie Du und ich.

Natürlich kann auch ein negativ denkender Mensch gesunden, aber er würde sicherlich schneller gesunden, wenn er von der Möglichkeit Gebrauch machte, aktiv durch positive Gedankenströme positiven Einfluss auf seine Gesundung zu nehmen, anstatt abzuwarten, zu hadern, sein Schicksal nur den Ärzten zu überlassen!

Immer, wenn ich in einem Internet-Krebsforum davon spreche, dass man vielleicht etwas am Lebensstil oder vielleicht auch an der eigenen Lebenseinstellung ändern müsste, werde ich hart angegangen. »Sind wir etwa an unserer Krankheit schuld?«, werde ich gefragt, oder: »Ich jedenfalls fühle mich vollkommen unschuldig an meiner Krankheit!«. Dabei gibt es unbestritten unendlich viele Ursachen für Krankheit. Darunter kann sich natürlich auch der Faktor oder die Ursache "Schuld" befinden, z.B. durch Alkohol, Nikotin, Drogen, falsche Ernährung, Mangel an Bewegung, ständiger Stress, Hass, Eifersucht, Streitsucht, jegliche Art von negativem Denken usw., alles Faktoren, die das Immunsystem nachhaltig schädigen! Und der Körper vergisst nie! – Ich denke, wir Krebspatienten kennen sehr wohl unseren Eigenanteil an unserer Krankheit, wenn er denn vorliegt, auch wenn wir ihn oft nicht wahr haben wollen! Und wir wissen: Wer diese Faktoren eindämmen kann, erhöht immens die Wahrscheinlichkeit eines längeren

Lebens! – Allerdings darüber zu streiten, ist müßig! Jeder wird seinen eigenen Anteil finden, wenn vorhanden und gesucht wird.

Wir sind an allen Prozessen immer mitbeteiligt, ob bewusst oder unbewusst! Es ist *unser* Körper, *unser* Geist, *unsere* Seele! Es gibt unendlich viele Ursachen für Krankheiten. Darunter kann natürlich auch der Faktor oder die Ursache »Schuld« sein, nicht im Sinne von kirchlich formulierter Schuld = Sünde, sondern im Sinne von Schuld = Mitbeteiligung, ob man es wahrhaben will oder nicht!

Natürlich wird jemand, der stark raucht und Lungenkrebs bekommt, oder jemand, der sich trotz besseren Wissens falsch ernährt und wenig bewegt und deshalb wegen Übergewichts Zuckerkrank wird, automatisch das Stigma der Schuld mit sich herumtragen, ob er sich dagegen mit allen noch so verständlichen Ausreden wehrt oder nicht!

Aber wer ohne Fehler ist, werfe den ersten Stein. Wir alle haben unsere Fehler, die einen offensichtlicher als die anderen. Auch ich kann mir sehr wohl eine Mitschuld an meinem Merkelzellkrebs meinerseits vorstellen: Falsche Ernährung, starker Raucher über Jahre, übermäßiger Sonnengenuss in jungen Jahren, wenig Schlaf, viel Arbeit und selbst produzierte höhere Stressbelastung und vieles mehr!

Deshalb muss ich mich aber doch nicht schlecht fühlen oder Angst haben, das Mitgefühl meiner Mitmenschen zu verlieren. – Im Gegenteil: Bei einem Menschen mit z.B. Leberzirrhose verursacht durch jahrelangen übermäßigen Alkoholgenuss würde ich leichter und tieferes Mitgefühl entwickeln können, wenn dieser Mensch zu seinem Alkoholismus steht und ihn zu bekämpfen suchte, als wenn er stets mich und die Gesellschaft für sein Unglück belangt, oder schlimmer noch, ständig von »Zufall« oder von »unfair« spricht, weil andere, die auch so zügellos lebten, noch keinen Krebs bekommen hätten: "Warum ich?", fragen sie gerne vorwurfsvoll. – Vielleicht wäre es besser zu fragen: "Warum nicht auch ich?"

Durch aktive Veränderung in meinem Bereich »Körper – Geist – Seele« kann ich meinen Teil zur Krankheitsbewältigung einbringen!

Nur bitte nicht auf Kosten von anderen, bitte ohne Schuldzuweisungen, Zorn und Aggressivität, denn Krebs allein ist schon aggressiv genug!

Ich lasse heute mehr Dinge ruhen, wenn ich sie doch nicht verändern kann, suche keinen Streit mehr, versuche mehr zu schlafen (wenn ich nicht gerade an überlangen Briefen sitze!), mich gesünder zu ernähren, mich mehr zu bewegen, selber harmonischer zu leben, usw. ...

Das ist mein Credo! Und damit lebe ich sehr gut, friedlich, ausgeglichen, z. Zt. noch sehr erfolgreich und länger, als mir die Ärzte bisher vorausgesagt haben! – Aber jeder muss seine *eigene* Art der Krankheitsbewältigung für sich selber herausfinden!

Eine Erkältung ist doch auch kein Zufall. Auch sind Viren nicht die Ursache, sondern allenfalls der Anlass. Ursache ist eine mangelnde Abwehrlage, oft sogar trotz besseren Wissens unsererseits von uns selber herbeigeführt!

Warum wird in einer Arbeitsgruppe einer krank, der andere nicht? Von 5 Leuten, die ins Schwimmbad gehen, holt sich einer Fußpilz. Warum die anderen nicht? – Alle hatten Kontakt mit dem Erreger, aber nur bei einem konnte er etwas ausrichten, weil seine Haut z.B. nicht intakt war, weil sein Immunsystem nicht funktionierte, weil ... , da gibt es viele Gründe.

Im Übrigen ist noch nicht einmal sicher, ob bestimmte Erreger auch genau die Krankheit produzieren, die man ihnen zuschreibt.

Manche Studien vermuten, dass möglicherweise diese Erreger (nur) gehäuft bei einer bestimmten Krankheit auftreten.

In der Medizin wird augenscheinlich zu schnell eine Ursache-Wirkung-Beziehung gesucht, die möglicherweise gar nicht existiert (was Physiker in ihrem Fachbereich ja längst wissen)! – Was die Physiker als Zufall bezeichnen, kann doch nur gegenwärtiges Unwissen sein! – Was früher als Wunder angesehen wurde, war auch nur mangelndes Wissen über zutreffende Zusammenhänge. Und auch heute noch sprechen wir von einem "Wunder", wenn wir keine plausible Erklärung haben.

Jeder selbstverantwortliche Mensch und erst recht Krebspatient muss sich letztendlich selbst eine eigene Meinung bilden, selbst Position beziehen, weil auch große Köpfe »nichts Genaues wissen«: Eine Studie widerspricht leider häufig der anderen! – So sieht´s leider aus, wenn man sich informiert.

Aber in der Regel werden wir unseren Ärzten vertrauen, ja vertrauen müssen. Uns bleibt nichts anderes übrig! – Nur, wenn wir uns entschieden haben, einen Weg zu beschreiten, dann mit vollstem Vertrauen, denn Vertrauen ist für sich eine nicht zu unterschätzende große, heilende Kraft.

Das Beste und Wichtigste ist deshalb, glaube ich, sich selbst (wieder) zu entdecken, Freude und Lust zu suchen und zu empfinden, an sich selbst zu glauben, seine eigene Stärke durch Selbstbestimmung zu finden und sich seinen Weg nicht von anderen vorschreiben oder vermiesen zu lassen!

Für mich ist Leben und Tod ein ewig währender Rhythmus, dem sich einzufügen die größte Weisheit ist! – Zu diesem Wissen braucht man kein Medizinstudium! – Man wird es wissen, oder man kann sich seinem Wissen gegenüber verschließen! Wir müssen nur unseren gesunden Menschenverstand gebrauchen. Das hängt natürlich auch von unserem jeweiligen Erkenntnisstand ab!

Nun, das zu Deiner Frage, wie es mir ginge und wie es mit mir medizinisch weitergehe, und ich bemerke erst jetzt, wie viel ich Dir daraufhin geschrieben habe.

Leider kann man sich über dieses Thema nur mit wenigen Leuten unterhalten, selbst in einschlägigen Krebsforen dazu äußern. – Ausgerechnet diejenigen, die Harmonie und Frieden mehr denn je bräuchten, führen dort "Glaubenskriege". Ich aber will keinen Krieg. Deshalb bin ich Dir sehr dankbar, dass Du mir zuhörst, Dich kümmerst und mir ermöglichst, meine »Seele freizuschreiben«.

Herzlich,

stephan

Affirmationen

Jeder Atemzug
gibt mir neue Energie.

Es geht mir
von Tag zu Tag
in jeglicher Hinsicht
besser und besser.

Mein Verstand und mein Herz
sind im Gleichgewicht.

Dezember 2006

Lieber Freund,

es ist nicht jedermanns Sache, über Tod und Krankheit zu sprechen oder zu lesen, obwohl beides zum Leben wie das »Essen und Trinken« gehört. Dann lege diesen Brief getrost beiseite, obwohl er dennoch von Optimismus strotzt.

Wenn man wie ich neun Monate aus dem Berufsleben ausgeschieden ist, hat man komischer Weise gar nicht *mehr* Zeit, dafür aber die besondere Möglichkeit, ganz anderen Gedankengängen nachzugehen.

Das ist das besonders Positive und Bemerkenswerte und für mich so Beruhigende, dass es in solchen Zeiten immer wieder Menschen (auch und gerade unter meinen Arbeitskolleginnen und -kollegen) gibt, die völlig unerwartet auf einen zukommen, Solidarität zeigen und sich kümmern. All denen bin ich sehr dankbar.

Nach Feststellung von Metastasen des Merkelzellkarzinoms (eine sehr aggressive, kleinzellige Krebsart wie die des Lungenkrebses) im Lymphknoten unterm linken Arm (Onkologische Diagnose: links axilläre lymphonodale Metastasierung eines neuroendokrinen Karzinoms, immunhistochemisch Merkel-Zell-Carcinom) lautete im April 2006 noch die medizinische Prognose bezüglich meiner Lebensdauer:

>> »Ein paar Monate« und nach nochmaligem Nachfragen:
>>
>> »Vielleicht ein Jahr!«, aber das Erreichen des Jahreswechsels 2006/07 war schon mit vielen Fragezeichen versehen.
>>
>> »Statistische Überlebenschance im Stadium der kleinzelligen Lymphknotenmetastasierung: ... schlecht!«, da alle bei mir vorliegenden Faktoren fast immer die schlechteste Prognose in der jeweiligen Kategorie haben: Lymphknotenmetastasierung - männliches Geschlecht – jüngeres Lebensalter (< 60 Jahre) - kleinzelliger Typ [Siehe unter »Kutanes neuroendokrines Karzinom (Merkelzell-Karzinom)«].

Die erste Prognose habe ich bereits überlebt und auch die zweite und dritte will und werde ich überleben. Der Primärtumor ist bis heute nicht gefunden worden. Ich hoffe, mein Immunsystem hat ihn gekillt! Die Lymphknoten unterhalb meines linken Arms wurden operativ entfernt, 28 hochdosierte Bestrahlungen habe ich über mich ergehen lassen, keine Chemo, da im Stadium der Fern- und Lymphknotenmetastasierung die Chemotherapie bei einer ohnehin nur sehr kurzen Überlebenszeit von nur wenigen Monaten nur einen palliativen Charakter hätte und die wenigen erzielten Remissionen im allgemeinen nur kurz anhielten.

In der Zwischenzeit war ich nicht faul, habe vielmehr meine arbeitsfreie Zeit für mehrere Operationen und Krankenhausaufenthalte, viele medizinische Untersuchungen, eine 7-wöchige Bestrahlung, eine mit vielen Anwendungen ausgefüllte 6-wöchige Anschlussheilbehandlung mit anschließenden Nachuntersuchungen genutzt. Das einzige, was die Schulmedizin sicher weiß, ist, dass sie Metastasen dieses sehr aggressiven kleinzelligen Merkelzellkarzinoms in meinem Körper gefunden hat, und es kein schulmedizinisches Mittel gegen diesen Krebs gibt, außer mir diagnostisch mitteilen zu können, dass mein Körper mit Metastasen nun gänzlich befallen sei.

Die mir noch übrig bleibende Zeit habe ich genutzt, sehr viel über meine Krankheit und den Umgang mit dieser Krankheit (insbesondere der Psyche) zu lesen, zusammenzutragen und auszuarbeiten, Fachmann meiner sehr seltenen Erkrankung zu werden, aber auch Überlebensstrategien außerhalb schulmedizinischer Wissenschaft zu erforschen. Alle Menschen, die das Unglaubliche geschafft haben, das letzte Krebsstadium der Metastasierung zu überleben, haben eins gemeinsam: Sie gingen mit ihrer Krankheit eigenverantwortlich und offensiv um, entwickelten Spiritualität und änderten etwas an ihrer Lebensweise, um Harmonie von Körper, Seele und Geist herbeizuführen, jeder in seiner ihm angemessenen Art und Weise.

Genau das versuche ich: Ab der ersten Stunde nach der Hiobsbotschaft im April 2006 wusste ich, dass solche Botschaften nur Aufforderungen zur Besinnung und Änderung von Lebenseinstellungen sein können. Mir war schon damals sofort klar, dass von nun an die Harmonisierung von Körper, Seele und Geist im Vordergrund zu stehen hat. Als erstes habe ich deshalb meine Liebesbeziehung harmonisiert und meine langjährige Lebensgefährtin mitsamt ihren vier Kindern geheiratet! So komme ich jetzt, nachdem ich meine eigenen zwei Kinder alleinerziehend großgezogen habe, auf die stolze Zahl von 6 Kindern!

Aber auch sonst gilt, Lebensgewohnheiten bezüglich Ernährung, Bewegung und Stressfaktoren mit mehr oder minder Erfolg zu harmonisieren und zu ändern.

Ich trainiere körperlich und geistig. Aber es ist schwieriger als im Berufsleben: Solche persönlichen »kleinen« Veränderungen kosten noch mehr Arbeit, Kraft und vor allem Ausdauer und Durchhaltevermögen ... und viel mehr Zeit, als man glaubt und sich vorstellen kann. – Ich bin dabei und werde noch lange dazu brauchen (und deshalb auch noch länger leben müssen!).

Im Abschlussbericht meines Anschlussheilverfahrens heißt es:

>*Psyche:* ... geordnet, offen, kooperativ, positiv eingestellt«

»*Krankheitsverständnis und Informationsstand des Patienten / Krankheitsverarbeitung:* ... der Patient ist über seine Krankheit sehr gut informiert ...«

»*Rehabilitationsverlauf und –ergebnis:* ... Der Patient hat an allen Anwendungen engagiert teilgenommen. Die Möglichkeit, selbst etwas für seinen Gesundheitsprozess zu tun, stellt für ihn eine wichtige Unterstützung bei der Krankheitsbewältigung dar. Er will in Zukunft ein kombiniertes Bewegungs- und Entspannungsprogramm in seinen Alltag integrieren. ... Der Patient ist sehr motiviert. ... «.

Nach Weihnachten nehme ich meinen Dienst freiwillig wieder auf, wenn auch vorerst reduziert, dann stetig steigend bis zum Volleinsatz (nach dem bekannten »Hamburger-Modell«). Dafür bringe ich Euch aber auch viel Dankbarkeit und unbeschreibliches, überschwängliches Lebensglück mit. Gerne gebe ich davon reichlich ab, denn für jemanden, der diesen Jahreswechsel 2006/07 nicht mehr erleben sollte, ist dieses Weihnachtsfest wie eine Wiedergeburt, ein Neubeginn, ein Anfang, dem einem Samen gleich die Kraft eines Baumes innewohnt.

Es gibt sicherlich nicht nur eine Wahrheit außer der letzten, es gibt unzählige: Jeder hat seine eigene Wahrheit, die nur er wahrnimmt, erfährt und ändern kann. Eine möchte ich gerne weitergeben: Was wie eine Hiobsbotschaft aussieht, kann sich im Nachherein doch noch als sehr wertvoll herausstellen. In den letzten neuen Monaten habe ich mehr positive Dinge und Entwicklungen erfahren dürfen, als ich mir je zuvor habe vorstellen können.

Auch den Sinn meines Lebens habe ich gefunden, denn es ist der, den man sich selber gibt! - *Mein Ziel* steht für mich fest: »Stetige Entwicklung«!

Den Weg zu seinen eigenen Zielen kann heute jeder selbst bestimmen, natürlich sich auch dazu entscheiden, seine eigene Verantwortung an andere abzugeben. Jeder kann seinen eigenen Weg suchen und gehen oder aber alle Entscheidungen auch anderen überlassen. Am Ende wird jeder sehen, ob sein Weg ein glücklicher war. – Ich jedenfalls neige eher zur Selbstbestimmung und Eigenverantwortung, heute mehr denn je.

Das schließt Fantasie und Träume nicht aus, im Gegenteil. Zu einer Zeit, wo das Wort Krebs noch ein Fremdwort für mich war, hatte ich in einer sehr harmonischen und glücklichen Phase nachfolgende Zeilen verfasst, die mir heute umso mehr bedeuten. Mit eben diesen Worten wünsche ich Dir zu den Feiertagen und zum Jahreswechsel:

Sieh und akzeptiere die Welt
in ihren unterschiedlichsten Farben,
bereichere sie mit der ganzen Schönheit
Deiner einzigartigen Seele, Gefühle und Gedanken.

Lass die Sonne in Dir scheinen,
sieh die Welt in den Farben Deiner Träume,
erhelle sie mit dem Licht Deiner positiven Gedanken
und gib ihr die Wärme Deines Herzens.

Genau das versuche ich. In diesem Sinne wünsche ich Dir Glaube und Macht, Veränderung und Entwicklung, Wärme, Licht und Liebe von ganzem Herzen,

ein gesegnetes Weihnachtsfest
und ein erfülltes, zufriedenes, gesundes neues Jahr 2007.

Herzlich,

stephan

Affirmation

Meine geistige Entwicklung
geht stetig voran.

Ende Dezember 2006 ist dieser Brief in etwas ausführlicherer Form in einem Krebsforum unter der Rubrik »Allgemeine Erfahrungen« veröffentlicht worden, siehe: http://www.meinkrebs.de/meinkrebs/berichte/brief_an_einen_freund.pdf

August 2007

Mein lieber Freund,

betroffen und mit Schmerzen nehme ich zur Kenntnis, dass das Krebsschicksal nun auch Deine Frau ereilt hat: Mit schlechter Prognose! Nun verstehe ich, warum Du Dich in letzter Zeit nicht mehr gemeldet hast. Ich spreche und höre als Krebspatient so viel von Krebs, da man zu Recht annehmen darf, dass Betroffene immer betroffen reagieren, und doch trifft mich jeder Fall neu und heftiger als je zuvor.

Ihr wisst ja von meinen Metastasen des kleinzelligen Merkelzellkarzinoms im Lymphknoten, dessen Primärtumor man bis heute nicht gefunden hat. Du erinnerst Dich noch an unsere damalige Auseinandersetzung, dass ich gegen eine Chemo-Therapie war, die mein Immunsystem schwäche, Du aber versuchtest, mich vom Gegenteil zu überzeugen.

Du weißt, dass man mich zwar operiert und bestrahlt, mir aber (zu meiner Erleichterung) von einer Chemo-Therapie abgeraten hat, weil, wie ich bei meinen späteren Recherchen im Internet nachlesen konnte, die Chemotherapie in meinem Krebsstadium bei einer ohnehin nur sehr kurzen Überlebenszeit von wenigen Monaten nur einen palliativen Charakter hätte und die wenigen erzielten Remissionen bei dieser Krebsart und in diesem Stadium im allgemeinen nur kurz anhielten.

Du siehst das kleine (und für mich so große) Wunder, dass ich nun seit fast 1½ Jahren immer noch lebe – trotz aller wissenschaftlichen schlechten Prognosen! – Denn wir alle sind einzigartig und keine »statistischen Durchschnittsmenschen«, Wissenschaft hin, Wissenschaft her! – So viel erst einmal zu Prognosen!

Ich weiß, dass Dich all das im Moment nicht trösten kann, ich fühle Eure Situation nach, als hörte ich meine Krebs-Diagnose wieder zum ersten Mal: Krebs trifft uns in der Regel ohne Vorwarnung, obwohl wir davon hören, lesen, fernsehen, aber Krebs bekamen bis zu diesem Zeitpunkt ja immer nur »die Anderen«. Wie alt wir auch sind, wir haben immer das Gefühl, dass Krebs uns zur falschen Zeit erwischt, die Jungen zu früh, die Älteren mitten im Leben, die Alten noch so spät?! Aber wann auch der Krebs zuschlägt, erst einmal reißt er uns den Boden unter den Füßen weg, lässt uns in ein tiefes, schwarzes Loch fallen: Wir sind versteinert, verzweifelt, können und wollen es nicht glauben:

"Auch ich habe (oder mein Partner hat) Krebs" !

Nichts ist mehr wie vorher, alle Ziele und Werte im Leben ändern und verschieben sich: Rente oder Pension, Altersabsicherungen, geplante Urlaubsreisen, alle Planungen spielen auf einmal keine Rolle mehr. Manche können nicht mehr arbeiten oder geben ihre Arbeit auf, um ihren Partner zu pflegen, leben vom Ersparten oder müssen Unterstützung beantragen. Manche verändern durch den Krebs ihr Aussehen, durch Chemo zeitweilig, durch Operationen für immer, verlieren all diejenigen Freunde und Bekannte, die - wie wir zuvor ja auch – vom Krebs auf Dauer nichts hören wollen.

Ein ganz neuer Lernprozess beginnt, ein für manche sehr schmerzhafter Lernprozess: Alles ist relativ, alles verliert seine vorherige Perspektive: Es gibt keine *Zukunft* mehr, jetzt gibt es nur noch ein »Jetzt«!

Glaube mir, ich habe noch keinen »*coolen*« Krebskranken kennengelernt, aber einige, die vorher sehr »*cool*« waren! Krebs mit solch schlechter Prognose wie die Deiner Frau und meine verändert jede Persönlichkeit. Aber wir können gegenhalten, die Persönlichkeitszerstörung aufhalten, unser Denken auf die veränderte Situation ausrichten!

Du fragst mich, wie ich das alles so überstehen konnte, und bittest mich um Ratschläge! – Das macht mich erst einmal sprachlos. Ich habe ja noch nichts außer meinem ersten Schock überstanden, der Krebs ist weiterhin existent und wird es zu meinen Lebzeiten bleiben.

Noch ist der Schock, die Verzweiflung bei Euch zu groß, zu neu, zu ungewohnt, das Sichtfeld zu eingegrenzt! Ich kann nur trösten, nur hoffen, dass Ihr Euren Weg findet, der Euch zu innerem Frieden führt durch neue (alte) Dinge, die Ihr so zuvor noch nie gesehen und erfahren habt: Das »Jetzt«, die Freuden und Freunde, die trotz Krebs bleiben, die Welt der Gefühle, der tiefen wirklich wichtigen Gefühle, die Schönheit des Partners trotz Chemo und/oder Operation oder körperlichen Verfalls, die vielen Kleinigkeiten des Lebens, die jetzt so wichtig sind, vorher aber nie beachtet wurden! – Und vor allem: Die Liebe, die wahre Liebe, die durch den grässlichsten Krebs nicht zerstört werden kann!

Welchen Rat soll ich als selbst betroffener Krebspatient Euch geben? Jeder wird seinen Weg finden müssen, wenn er denn sucht! – Ich habe meinen gefunden, Ihr werdet Euren Weg noch suchen und finden müssen.

Ich bin kein Arzt, kein Psychologe: In solchen Dingen wendet Euch an kompetente Menschen Eures Vertrauens. Aber als betroffener Krebspatient mit eigener schlechter Prognose möchte ich Euch aus ganz anderem Blickwinkel drei mir wichtige Dinge empfehlen:

Als erstes empfehle ich Dir: Gib Deiner Frau das unbedingte Gefühl, dass Du zu ihr stehst, dass es ein gemeinsamer Weg wird, dass Du sie liebst, so wie sie ist und sein wird! – *Liebe* ist das beste und wirkungsvollste Medikament hinsichtlich jeder wirklichen Heilung! – Und glaube mir, ich weiß wovon ich spreche!

Als zweites: Macht Euch kundig über diese Krebskrankheit, über Möglichkeiten jeglicher Art: Zwei Ärzte, drei Meinungen: Letztendlich müsst Ihr selber entscheiden, so Ihr wollt! Kritische Patienten sind zwar nicht immer die angenehmsten, aber sie leben in der Regel länger (siehe mich!). – Aber wenn Ihr Euch für einen

Weg entschieden habt, dann geht ihn mit vollem Vertrauen und der Gewissheit, alles Mögliche und Erdenkliche getan zu haben.

Jeder wird seinen eigenen Weg finden müssen. Ich für meinen Teil gehe offensiv mit meiner Krebskrankheit um, wie Du weißt. Schweigen ist nicht immer Gold, siehe die »Parzival«-Mythologie. Ich spreche über die Gefahren, unter- aber überschätze sie auch nicht! Mein Krebs ist mir nicht gleichgültig, sondern *gleich* und *gültig* wie alles andere auch. Ich respektiere, achte und beachte ihn, höre in mich hinein, nehme ihn wahr, überhöre seine Botschaft nicht!

Hier scheiden sich oft die Geister: Ich persönlich nehme den Krebs als Möglichkeit und Chance wahr, selbst in dieser misslichen Lage das Beste daraus zu machen.

Es gibt aber Menschen, für die zählt nur die Äußerlichkeit, die äußere Schale, das, was sie sehen, messen und wiegen können. Das entspricht dem Prinzip der Newtonschen Wissenschaft und unserer Schulmedizin, die in der Tat auch sehr wichtig ist und ohne die modernes Leben und Fortschritt kaum denkbar wäre, aber damit werden wir das »*Wesen des Lebens*« und erst recht das »*Wesen des Krebses*« nicht erfassen können. Wissenschaft hat mit (aktuellem) Wissen, nicht aber mit Weisheit zu tun. *Liebe* kommt in dieser Disziplin schon gar nicht vor, da sie nicht quantifizier- und messbar ist. Und auch das Phänomen Krebs ist mit der Schulmedizin allein nicht fassbar. – Da lege ich mehr und besonderen Wert auch auf andere unterstützende Maßnahmen:

»"Warum nicht auch ich?" anstatt "Warum ich?"« zu fragen, heißt für mich, nicht die Ursachen in der Ungerechtigkeit der Welt, also immer bei den Anderen zu suchen, sondern sich auf das Wesentliche zu konzentrieren: Die Kräfte der Selbstheilung, innen wie außen!

Um an des Wesens Kern zu gelangen, glaube ich, braucht man keine Schulbildung, kein Schulwissen, nur Beobachtungsgabe, gesunden Menschenverstand und eine gehörige Portion Selbstvertrauen:

Vertrauen in die eigene Beobachtungsgabe und Urteilsfähigkeit! – Und die wünsche ich Euch von Herzen!

Auch Meditation, ein »*Auf sich wirken lassen*« oder »*Denke konzentriert über eine Sache nach und sei gleichzeitig offen für jede Art von Assoziation und Intuition*« hilft, den wesentlichen Dingen und dem »*Wesen aller Dinge*« mehr auf den Grund zu kommen.

Vielleicht kommen wir zum Wesenskern durch ganz andere Fragestellungen als die der Biologie und Medizin, zum Beispiel durch die Jahrtausend alte Weisheit der Sprache bei der Fragestellung: »Wieso spricht man nicht vom Herzkrebs, obwohl es Krebs am Herzmuskel gibt?«

Unter dem Begriff Herz versteht man zwar auch den körperlichen Herzmuskel, viel häufiger aber wird das Wort und die Bedeutung »*Herz*« im Sinne von »*Wesen*« und »*Liebe*« gebraucht.

Die (Weisheit der) Sprache beschäftigt sich also weniger mit der medizinischen bzw. biologischen Seite, dem Herzmuskel, sondern mehr mit der übertragenen Sichtweise, mit dem Wesen des Herzens (weitere Synonyme wären: *Herzstück, Brennpunkt, Hauptsache, Kern, Zentrum, Mittelpunkt, Sinnesverfassung, Sinnesart, Seelenleben, Seelenstärke, Gemüt, Gefühl, Gefühlsrichtung, Innenleben, Empfindungsleben, Neigung, Hang, Beherztheit*) und dem Herzen als Synonym der Liebe (weitere Synonyme wären: *Herzlichkeit, Feuer, Entzückung, Verliebtheit, Innigkeit, Anziehungskraft, Zauber, Zärtlichkeit, Herzenswärme, Verehrung, Vergötterung*). Gegenbegriffe zum Begriff Herzen sind Herzlosigkeit und – überraschend (?!) – der Verstand (!!!): Das sollte uns doch sehr zu denken geben!

Und was hat das mit *Krebs* zu tun? – Wahrscheinlich mehr, als wir wahrhaben wollen! – Für alle Organe gibt es eine Krebsart, nicht aber für unser (geistiges) Herz, unser Fühlen und Denken, unsere Seele. Also hören wir zuerst auf unser Herz, auf Verzeihung, Liebe, Glaube, Hoffnung, und stellen unser Sehen und Denken dem gemäß um! Nur, darauf müssen wir selber kommen, darüber müssen wir uns alle selber Gedanken und Gefühle machen: Unseren ganz persönlichen, eigenen Weg zum Herzen finden!

Ist die äußere Welt schon reich an Vielfalt, die innere Welt ist kaum zu überbieten! – Ich persönlich glaube, dass *innere* Gesundung Voraussetzung für wirkliche äußere Heilung ist. Und innere Gesundung ist nur mit und in Harmonie möglich.

Außerdem habe ich festgestellt, dass, wenn immer ich in meinem Leben scheinbare Katastrophen rückwirkend betrachte, sie alle auch etwas Positives bei mir bewirkt haben! – Im Gegensatz zu manch anderem Krebspatient denke ich: »Vielleicht war das Leben doch fair zu mir, trotz Krebs!« – Ich zumindest habe viel Positives in meinem Krebs-Werdegang erfahren dürfen: Krebs greift unseren Körper an, unserer Seele jedoch kann er nichts anhaben! Im Gegenteil, wir haben die Chance, daran zu erstarken! Krebs sollte nicht als Strafe für ein schlecht gelebtes Leben aufgefasst werden, sondern eher als eine Aufforderung, sein Leben noch effizienter zu gestalten! – So sehe ich es jedenfalls.

Krebs hat mich wachgerüttelt, mich endlich mit der eigenen Psyche auseinander zu setzen: Wahrscheinlich gibt es bessere Anlässe, aber bei vielen anderen und auch mir war es erst der Krebs, der mich erst wirklich wachgerüttelt hat.

Deswegen meine dritte Empfehlung, sucht professionelle psychologische Hilfe auf, denn eventuelle psychische Auslöser liegen i.d.R. lange, lange vor der Krebskrankheit.

Mag der Krebs an meinem Körper Wunden und Narben hinterlassen, meiner Seele soll er nichts anhaben. Seit Ausbruch meines Krebses beschäftige ich mich mehr mit meiner Psyche. Ich fange an, mich um *mich* zu kümmern!

Ich kämpfe ums Überleben wie alle anderen Krebspatienten auch! – Aber Kampf nicht gegen, sondern wie das Dünengras mit dem Wind! – Wie ich es in meiner Zeit der Anschlussheilbehandlung in Wyk auf der Insel Föhr beobachten konnte:

> Dünengras ist schlicht und genügsam, legt sich in den Wind, hält ihm stand, überlebt! – Ich wünsche Euch die Lebenskraft und Lebensweisheit dieser Pflanze, die sich von der lebensfeindlichen Umgebung des Dünentreibsandes, den Stürmen und dem Salz des Meeres nicht unterkriegen lässt, sondern genügsam allen Widrigkeiten trotzt:

> Sie festigt die Dünen, hält damit das Meer von der Insel fern und ermöglicht durch ihr Dasein erst das Leben auf der Insel. Ich wünsche Euch, auch Bewahrer solcher Inseln zu sein, trotz lebensfeindlicher Umgebung.

Aber lebensfeindlich nicht für die Düne, denn sie gedeiht nur in dieser Umgebung (die sie sich wohl selber ausgesucht hat)! – Resultat: Zustände sind oft nur Sichtweisen, Lebensfeindlichkeit auch!

Natürlich wünsche auch ich mir nicht *mehr* Krebs, sondern eher *weniger* oder *gar keinen*! Aber erst durch meinen Krebs habe ich angefangen, viel bewusster, viel leidenschaftlicher, viel lebensfroher zu leben! – Und es hilft mir sehr, zu lernen, positiver zu denken, gerade wegen und trotz des Krebses! – Ich bin ja noch lange nicht da, wo ich mich hin entwickeln will: Etwas weiser und innerlich wirklich gesund und lebendig zu werden! Daran kann und wird der Krebs mich nicht hindern! So verstehe ich Entwicklung und Chance durch Krebs, wenn er denn mal da ist! – Ich denke, auch

Euch wird durch den Krebs bewusst, wie wichtig *Leben* ist, wie wenig wir bisher auf unser Leben Rücksicht genommen haben!

Wenn schon der weise »Siddhartha« sagt: »Von jeder Wahrheit ist das Gegenteil ebenso wahr!«, so werdet Ihr für Euch herausfinden müssen, was richtig oder falsch ist, egal wie mein Rat ausfällt!

Ihr werdet viele Ratgeber finden, die nur ihre Sichtweise gelten lassen, Euch ihre Wundermittel oder ihre Art des Kampfes gegen den Krebs als einzig wahre Möglichkeit anpreisen. – Andere reden nur noch Fachchinesisch, flüchten in medizinische Fachgespräche ohne zu bemerken, dass sie das Wichtigste aus den Augen verloren haben: *Sich selber!*

Deshalb mein Rat: Finde Dich, findet Euch, nehmt Euch, Euren Körper und Eure Psyche wahr, vertraut Euch und dann erst den anderen Beratern.

Ich wünsche Euch von ganzem Herzen eine gute und glückliche Entscheidung, die Euch hilft, Euch innen wie außen Heilung zu verschaffen.

In meinem Denken und Fühlen bin ich bei Euch und wünsche Euch von ganzem Herzen Licht und Liebe, fortschreitende Entwicklung und vor allem Heilung innen wie außen, dass Ihr trotz Krebsschicksals zu lichten Seelenmenschen werdet,

herzlich,

stephan

Affirmation

Ich achte
auf die Botschaften
meines Körpers.

September 2007

Liebe Freundin,

Du fühlst Dich am Ende Deiner Kraft, beklagst Dich über Deinen krebskranken Mann, der mit der ganzen Welt hadert, nicht Schönes und Gutes mehr in ihr und Dir entdecken kann, nur noch »motzt« und Dich »herumkommandiert«, sich zurückzieht oder über lange Zeit nicht mit Dir spricht.

Du kennst mittlerweile Deinen Mann nicht mehr wieder, seine Lebensfreude sei dahin, er spreche immer nur von der Ungerechtigkeit des Lebens und vom Tod, andererseits vom Auf- und Nachholen vertaner Chancen.

Ich denke, Dein Mann ist verzweifelt, noch verzweifelter als jemals zuvor und kommt mit der Situation Krebs nicht mehr zurande. Aber, wie Du schreibst, will er auch professionelle Hilfe nicht annehmen.

Du hast ihm von meiner offenen Art, mit Krebs umzugehen, erzählt, er habe aber nur abgewunken: Sich was vormachen brauche er nicht! – Vom Reden allein sei noch keiner gesund geworden!

Du bist verzweifelt, weil das nun schon fast ein Jahr so gehe!

Du hast Angst vor der Zeit, wenn bei Deinem Mann die wirklich großen Schmerzen auftreten, von denen man Dir erzählt hat, wenn Dein Mann Dich noch mehr braucht, weil er sich dann noch weniger als Mensch und Mann sehen und fühlen kann!

Ich denke, Dein Mann weiß genau, dass er Dich braucht, sogar mehr, als er zugeben will und wahrscheinlich zugeben kann, wo er doch früher immer der Lebenslustigere und Stärkere in Eurer Beziehung zu sein schien. Ich denke, er sieht sich Dir gegenüber heute in der schwächeren Position und will oder kann dies nicht zugeben, da er – wem kann man es verdenken – lieber wieder der starke beschützende *(Ehe-)Mann* sein möchte.

Manche Menschen wachsen in Situationen, mit denen sie nicht fertig werden, über sich hinaus, andere flüchten sich in ihr »trotziges Kind«. In ihrer Unselbständigkeit trotzen sie sich ihre Selbständigkeit ab! – Ein harter Weg!

Du weißt als Mutter zweier Kinder sehr gut, dass gerade Kinder mit ihrer trotzigen Art letztendlich nur um mehr Eigenständigkeit flehen! – Oft lassen wir Eltern sie ja dann in ihrer »Eigenständigkeit« und ihrem Trotz schmoren, damit sie lernen, dass Trotz alles nur verschlimmert!

Warum verlangst Du von Deinem Mann nicht auch mehr Selbständigkeit: Krankheit heißt doch nicht, dass »alle nach seiner Pfeife tanzen«, »für ihn springen« müssen, dass er nicht mehr an sich zu arbeiten hat: Schuld an seiner Krankheit bist doch Du nicht!

»Was man liebt, das tritt man nicht!« gilt auch für jeden Krebskranken.

Du weißt doch, dass uns Eltern Härte oder Gradlinigkeit aus Liebe schwerer fällt als nachzugeben, alles zuzulassen.

Warum machst Du ihm nicht klar, dass Krankheit nicht Verantwortungslosigkeit nach sich ziehen muss, dass wie er auch Du als gesunder und zu ihm stehender Partner ein Recht auf Leben, Liebe und gegenseitige Achtung hast. – Mach ihm liebevoll, aber unmissverständlich und glaubhaft klar, dass auch Du für Euren gemeinsamen Weg, der ja vielleicht viel länger andauert als er befürchtet, viel Kraft brauchst.

Noch wichtiger: Einen Großteil dieser Kraft kann Dir Dein Mann durch Respekt, Zuneigung und Liebe geben. Das steht in seiner Macht, dafür brauchst Du ihn als Mensch und Partner.

Gerade Dein Mann als betroffener Krebspatient muss seine Kräfte bündeln und zusehen, nicht an falschen Plätzen zu kämpfen, nicht gegen das, was wir lieben. Gerade wir müssen das schützen, was uns selbst letztendlich schützen und zumindest innerlich heilen kann: Die Liebe zueinander! – Dazu muss man sich achten, beachten, liebevoll wahrnehmen, immer wissend: Die gegenseitige Liebe ist das größte und wertvollste Gut! – Der Krebs hat nicht die Macht, uns einsam zu machen. Mag er unseren Körper angreifen, auf unser Herz und unsere Seele hat er keinen Einfluss, es sei denn, wir lassen es zu!

Wir Krebskranken sind vom Tod gezeichnet, aber sterben müssen alle andern auch, nur ist es den Gesunden in der Regel nicht so bewusst. Deshalb überdenke auch Du Deine eigene Position zum Tod, von dem Du nichts hören möchtest, dem Du nichts abgewinnen kannst. Für mich als Krebspatienten ist der Tod sehr gegenwärtig. Ich sehe ihn *nicht* als Feind, zumal ich vielleicht froh bin, wenn er in meinen schwersten Stunden Gnade bei mir walten lässt!

Wie die Geburt so gehört auch der Tod zum Lebenszyklus, und wie die Geburt (das weißt Du als Mutter besser als ich) ist auch der Tod schmerzhaft für alle Beteiligten, und doch ist auch der Tod wie die Geburt ein Eintritt in eine (vielleicht und hoffentlich) wunderschöne neue Welt: Ob Paradies oder Nirvana (»Ein Aufgehen ins *Nichts*«), ich denke, der Tod wird in jedem Falle Erlösung sein!

Aber so weit sind wir doch noch nicht: Du lebst, Dein Mann lebt, ich lebe! – Also, lasst uns das »*Jetzt*« leben und lieben, lasst uns stark werden für das Ende, das noch früh genug kommt und doch auch wieder ein Anfang sein kann.

Wir mussten den Geburtsvorgang durchlaufen, auch wenn er schmerzhaft war und ist, um zu leben. Wir müssen sterben, wenn auch eventuell schmerzhaft, nur diesmal können wir uns auf diesen Vorgang bewusst vorbereiten, ihm mit Fassung entgegensehen, würdig begegnen.

Als betroffener Patient mit Metastasen des Merkelzellkarzinoms, einer sehr seltenen, aber aggressiven Krebsart, kann ich mit Euch fühlen. Nur bin ich mehr als 10 Jahre älter als Ihr, habe bisher schon etwas länger leben dürfen, mit Höhen und Tiefen, Liebe und Leid, Glücks- und Verzweiflungsphasen.

Zwei eigene Kinder habe ich seit ihrem 11. bzw. 14. Lebensjahr alleinerziehend aufgezogen. Nach Jahren des Single-Daseins habe ich dann die Frau meines Lebens kennengelernt (Wer hätte das bei mir so überzeugtem und zufriedenem Single gedacht!): einen wahren Sonnenschein und Mutter von vier eigenen Kindern, heute im Alter von 10 bis 21 Jahren. Und auch sie hat Liebe und Leid, Höhen und Tiefen des Lebens erfahren müssen und *dürfen*: Mit 34 Jahren und vier Kindern, kurz nach der Geburt ihres Jüngsten, gerade aus dem Wochenbett entlassen, bekam ihr damaliger Mann den ersten von 13 Schlaganfällen! Da schien das Leben für sie zu Ende zu sein, keine Hilfe, kein Einkommen ... aber Mut zum Weiterleben, Verantwortung für die Kinder, Lebensfreude trotz aller Widrigkeiten ... und das auch später nach dem Tod ihres ersten Mannes, dem Vater ihrer vier Kinder!

Nun musste sie sich noch mehr als Mutter, Hausfrau und Berufstätige beweisen, mit vier minderjährigen Kindern, die ihren Vater verloren hatten. Als sie bei mir auf eine Stellenannonce hin um eine Arbeitsstelle nachsuchte, war ich beeindruckt von ihrer Ausstrahlung, bewegt durch ihren Werdegang. Nie würdest Du ihr all das Leid ansehen, denn sie hat immer mehr das ihr verbleibende Glück gesehen und genossen oder war froh, Glück im Unglück gehabt zu haben. Sie sah und sieht sich als »reich« an, reich an Kindern, gesegnet mit der Schönheit des Lebens!

Diese Sichtweise und besonders sie selber habe ich schätzen und lieben gelernt! – Den »Job« hat sie von mir wohlweislich nicht bekommen, dagegen eine Lebensaufgabe als Freundin und Geliebte: »Für mich ihr bester Job«!

Und so wurden wir Gott sei Dank noch vor meinem Krebsbefund eine Lebensgemeinschaft und Familie mit sechs Kindern.

Als im April letzten Jahres dann Metastasen des Merkelzellkarzinoms bei mir festgestellt wurden mit der Überlebensdiagnose: »Ein paar Monate«, »Vielleicht ein Jahr!«, da kam der nächste große Schicksalsschlag für meine so lebensfreudige Frau und ihre/meine Kinder, die wiederum ihren Vater vorzeitig verlieren sollten.

Meine Krebserkrankung hat uns trotz der doch so kurzen Zeit unseres Zusammenseins nur noch fester verbunden und die von meiner ältesten Tochter sofort in die Wege geleitete Heirat unausweichlich gemacht. Der Krebs konnte und kann unserer zuvor schon gewachsenen Liebe zueinander nichts anhaben. Im Gegenteil: Nie waren wir dankbarer für dieses Glück.

Und Du siehst, ich lebe noch, und ich muss Dir gestehen, seit April letzten Jahres habe ich rückblickend die erlebnisreichste, tiefgründigste Zeit meines Lebens verbracht (trotz meiner 100%-Schwerbehinderung)! – Das will mir keiner glauben, aber es ist so!

Nach dem ersten Schock, nach Tränen, nach Angst und Trauer habe ich für mich begriffen, dass Krebs durchaus eine Chance beinhalten kann, sich weiter und schneller fortzuentwickeln, als es vorher möglich schien. Dazu gehört aber Offen- und Ehrlichkeit und insbesondere ungeteilte Lebensfreude, trotz oder gerade wegen der Krebserkrankung! – Dabei wirst Du bemerken, dass Du es Deiner Umwelt, Deinem Partner und eventuell Deinen Kindern erheblich leichter machen kannst, mit diesem schweren Schicksal fertig zu werden, wenn Du ihnen nichts vorspielst (das merken Kinder und auch Dein Partner sehr schnell!), sondern stets aufrichtig bist. Angstfrei werden sie eher, wenn Du selbst Deine Angst erkennst und akzeptierst (und damit auch schon größtenteils verlierst). – Vielleicht solltest Du auch Deinem Mann gegenüber ehrlicher und offener über Deine Ängste und Bedürfnisse trotz oder gerade wegen seiner Krebserkrankung sprechen. Auch einem Disput muss man nicht immer aus dem Wege gehen, auch bei uns fliegen ab und zu die »Fetzen«! Das gehört zum Leben als rege Auseinandersetzung dazu!

Dein Mann sollte bedenken, dass häufig die Angehörigen von uns Krebspatienten das größere Leid (und in der Regel länger) tragen müssen, da es sie noch unverhoffter und unverständlicher trifft als uns, die wir mit unserem Krebs fertig werden bzw. ihn akzeptieren müssen und, ich hoffe, auch können (aber das hängt letztendlich von jedem selber ab!). Natürlich geht das nicht von heute auf morgen, sondern nur mit der Zeit! Man kann es lernen, wenn man bereit ist, zu lernen, sich zu verändern, sich weiterzuentwickeln! –

Jeder muss seinen eigenen Weg finden. Die Entscheidung wird und kann Dir und Deinem Mann keiner abnehmen!

Krebs bringt Leid und Auseinandersetzung genug, da sollten wir Leidtragende uns nicht noch neues Leid zufügen!

Aber ich denke, und dazu kenne ich Dich zu gut, um nicht zu wissen, dass Du schon auf dem richtigen Weg bist, stark genug, um ab und zu auch mal einsacken zu dürfen, um wieder gestärkt aufzustehen. – Diese »Pause« brauchen wir doch alle mal.

Wenn Du Dich trotz allem über jede Kleinigkeit, jede Freundlichkeit, jeden netten Wink und jedes nette Lächeln Deines Mannes freuen und ihm diese Freude auch zeigen kannst, wirst Du eine Ausstrahlung bekommen, die alles andere vorerst vergessen lässt und ihn vielleicht umstimmt, zur Besinnung führt! Das wünsche ich Dir und Deinem Mann!

Wenn Du achtsam mit Deinen Gedanken und Gefühlen umgehst, dann brauchst Du Dir um Deine persönliche Entwicklung keine

Sorgen zu machen. Du musst nur wissen, was Du willst, aber dann tue das auch mit allen Konsequenzen! – Abgesehen vom physischen und psychischen Bereich sind für mich *Liebe und Freiheit* die erstrebenswertesten Ziele, und in dieser Reihenfolge: Wenn Liebe nicht mehr zu erreichen ist, dann wenigstens Freiheit.

Macht Euch das Leben nicht schwerer als es ohnehin schon ist! – Trefft Entscheidungen, dass Ihr wieder glücklich und zufrieden werden könnt, trefft sie und führt sie dann auch durch.

Ich wünsche Euch Heilung, Entwicklung und immer das gute Gefühl, das Richtige im richtigen Moment zu tun. Habt eine gute Zeit mit Euch und Euren Kindern, nutzt sie (ohne Rücksicht darauf, wie alt ihr miteinander werdet, vielleicht ja älter, als ihr beide wahrhaben wollt!).

In der Hoffnung, dass Dir meine Sichtweise und meine Anmerkungen zu Deiner Lage ein wenig helfen können,

herzlich,

stephan

Affirmationen

Ich achte
auf die Bedürfnisse
der anderen.

Ich behandle den anderen so,
wie ich von ihm
behandelt werden möchte.

Bergen aan Zee
Niederlande
Oktober 2007

Liebe Mutter, lieber Vater,

mit Sack und Pack bin ich jetzt erst einmal für eine Woche an die Nordsee in den verdienten Urlaub gefahren, um auszuruhen und zu wandern. – Vor ein paar Tagen war ich noch zur nunmehr nur noch halbjährlichen Krebs-Routineuntersuchung im Krankenhaus, danach ein Aufatmen und große Erleichterung: Keine neuen Metastasen!

Da Ihr beide (und insbesondere Mutters Familie) an Darmkrebs erkrankt seid, regte ich eine Darmspiegelung an. Als der Arzt von einer bedenklichen Prognose sprach, erwiderte ich: "Da bin ich anderer Meinung! Meine Eltern leben trotz Krebs (erster Befund vor 20 Jahren) immer noch und mit ihren 88 und 90 Jahren geistig und den Umständen entsprechend körperlich recht fit, fliegen in ihrem betagten Alter sogar noch zu meinem ältesten Bruder nach Kanada, um ihn dort zu besuchen. – Ich hoffe, dass ich ihre widerstandsfähigen Gene geerbt habe."

"So kann man's auch sehen!", meinte daraufhin der untersuchende Arzt. – "Ja, so sollte man es sehen!", denke ich mir. – Ich bin so froh, dass Ihr noch lebt, dass Ihr in Eurem Leben so viel habt schaffen können und in der Gnade eines so hohen und noch rüstigen Alters steht, trotz Krebsbefundes seit zwanzig Jahren!

Aber nun zum Urlaub: Das raue Klima der Nordsee, der belebende Wind, die würzige und salzige Meeresbrise, der weite Horizont und diese verkarstete Dünenlandschaft haben etwas wunderbar Befreiendes, nicht nur für die Lungen, sondern für alle Sinne, für das Herz und das Gemüt.

Manchmal muss man mal wieder aus seiner gewohnten Umgebung raus, um seine Sinne anregen zu lassen und zu schärfen.

Es riecht anders, es schmeckt anders, man spricht anders, alles ist anders und doch so vertraut und menschlich: Wir sind in unserem geliebten Holland, an der Nordseeküste angekommen!

Und wenn mal eine starke Brise oder gar ein Gewitter aufzieht, reißen die Wolken in der Regel spätestens zum Sonnenuntergang wieder auf ... übrigens eine gute Vorgabe für jede Zweierbeziehung:

> »Noch vor Sonnenuntergang
> müssen Gewitterwolken
> verschwunden sein!«

Jeden Tag »pilgern« wir mindestens einmal am Strand entlang von »Bergen aan Zee« nach »Egmond aan Zee« (also mindestens 10 km pro Tag!), essen dort unseren obligatorischen Matjes, um bald darauf wieder den Rückweg anzutreten, mal mit Wind im Rücken, mal mit Gegenwind und feinem Strandsand im Gesicht.

Bei den langen und ausgedehnten Spaziergängen gehen mir viele Gedanken durch den Kopf. Das stets bewegte Meer, die immerwährend anschlagenden Wellen, der weite Horizont, das durch die stetige Seebrise schnelle Wolkenspiel über dem weiten Meer und flachen Land, all das regt meinen Geist weit mehr an als ich manchmal vertragen kann. Immer habe ich jedoch einen kleinen Block mit Bleistift dabei, um einige dieser Gedanken niederzuschreiben. Es ist eine erfrischende Computer-freie-Zeit (Laptop ist zu Hause geblieben!). – Und siehe da: Es geht auch ohne – einfach mal »offline«!

Genau vor einem Jahr zur gleichen Zeit verbrachte ich meine sechswöchige Anschlussheilbehandlung in der Klinik Sonneneck in Wyk auf der Nordseeinsel Föhr in dem Bewusstsein, das Ende des Jahres vielleicht nicht mehr erleben zu dürfen: Eine schwere und klärende, aber auch eine (nicht nur im Nachherein) schöne und belebende Zeit!

Meine einzige Möglichkeit sah ich damals in der Aufarbeitung meines Lebens, nach versteckten psychischen Krankheitsverursachern zu suchen, da die Schulmedizin mich aufgegeben hat, nur noch therapeutische (palliative) Maßnahmen ergreift, die nicht auf Heilung, sondern nur noch auf Linderung ausgerichtet sind.

Und ich wurde fündig, verbunden mit seelischen Schmerzen und befreienden Tränen: Meine Rückbesinnung ging bis in die Kindheit, bis ins Kleinkindalter. Kinder sind die größten Verdrängungskünstler. Ihnen bleibt ja nur das Verdrängen als Schutz und Chance zum Überleben.

Und im Verdrängen bin ich noch ganz Kind geblieben, ein großer Verdrängungskünstler mit seinen Sonnen- und Schattenseiten, für uns Erwachsene leider eher mit Schattenseiten behaftet! – Nicht umsonst bemühen sich Psycho-Onkologen mit der Aufarbeitung von »Verdrängtem«, und nicht nur jeder Psychologe weiß, dass die meisten Verdrängungen in der Kindheit liegen. Natürlich sollte man nicht jedes Fass aufmachen, zumal man die Folgen des Öffnens eines lange verschütteten und zugemachten Fasses nicht abzuschätzen weiß. – Aber heute als Erwachsener noch zu verdrängen, insbesondere wir Krebspatienten unseren Krebs, das halte ich eher für gefährlich.

Machen wir uns nichts vor, durch den Umstand des Nicht-Verarbeitens und Verdrängens wird ja nichts besser, sondern genau das *Nicht-Verarbeitete* nagt im Unterbewusstsein weiter: Damit geben wir Krebspatienten unserem Krebs erst die richtige psychische Nahrung.

Dem arbeite ich bis heute entgegen: Manches unangenehme Fass habe ich in dieser Zeit aufgemacht und versucht, das, was dort herausquoll, wahrzunehmen, anzuschauen, auszuhalten, als Teil von mir gelten zu lassen. – Ich habe seit langem nicht mehr so viel geweint, wie in dieser Zeit. – Natürlich habt auch Ihr als wesentlicher Bestandteil meiner Kindheit mit diesen Fässern zu tun. Aber es liegt jetzt an mir, damit fertig zu werden, meine Probleme mit meiner Persönlichkeit und meinem »geschichtlichen« Hintergrund zu verarbeiten. Ich stehe in der Zwickmühle, Euch gegenüber als Kind und meinen Kindern gegenüber als Vater bzw. Elternteil. – Das macht die Sache nicht einfacher, aber leichter im Vergeben: Sich selbst, den Eltern und seinen Kindern zu vergeben, wie auch ich hoffe, dass auch Ihr und meine Kinder mir meine bewusste oder unbewusste Schuld vergeben! – Leben heißt ja: Sich schuldig machen! Ob bewusst oder unbewusst, ist unbedeutend und nicht zu verhindern!

> »Vater unser, vergib uns unsere Schuld, wie auch wir vergeben unseren Schuldigern!«

> »Bittet, so wird Euch gegeben; suchet, so werdet ihr finden; klopfet an, so wird Euch aufgetan. Denn wer da bittet, der empfängt; und wer da sucht, der findet; und wer da anklopft, dem wird aufgetan.«

> *Matthäus 7,7-8*

Ich schätze und achte Eure tiefe Gläubigkeit, Eure auch uns Kindern gegenüber gezeigte Toleranz und Offenheit im Umgang mit Glaubensinhalten. – Aber man muss kein Christ sein oder an Gott glauben, um viele Bibelstellen als Weisheit und Wahrheit zu erkennen, zumal Christentum, Islam und Judentum sich auf den gleichen Gott (und das gleiche »Alte Testament«) beziehen, und die Lehren des Buddhismus gerade uns heutigen Christen hier im Westen stark geprägt haben.

Symptomatisch für mich war schon immer das Meer, das mich bis heute so fasziniert. Deshalb möchte ich Euch ein in der Zeit der Anschlussheilbehandlung auf der Insel Föhr verfasstes Gedicht zitieren, das damals und auch jetzt noch seine Gültigkeit hat:

Das Meer mit seinen ständig schlagenden Wellen
beruhigt und macht nachdenklich:

Meer - Sand – Dünen
Wind - Regen – Sturm
Sonne - Mond – Gezeiten

Ich tauche ab und tauche auf,
die Flut wühlt meine Gefühlswelt auf,
die Ebbe nimmt meine Tränen
mit ins tiefe Meer.

Ein Teil
dieses ewigen Naturkreislaufes zu sein,
beruhigt.

Ich habe keine Angst, ich grüble nicht
ich lasse es wirken, ich lasse zu,
ich füge mich ein in diesen ewigen Kreis.

Es ist eine ZEIT
des Suchens und Findens,
des Lachens und Weinens,
der Einsamkeit und Zweisamkeit
von Wind und Sturm, Ebbe und Flut,
eine ZEIT der ewigen Gezeiten
in ihrem Rhythmus,
ein einfach unbeschreibliches Glück

Natur
so grausam,
so wunderschön
wie Leben und Tod ...

Es ist nur eine Sache der Perspektive!

Diese Perspektive habe ich damals dort auf der Insel für mich finden können: Sie machte mich dankbarer, demütiger, ausgeglichener, Angst-freier und glücklicher. Das Ziel ist nun vorgegeben, und den Weg dorthin möchte ich so angenehm wie möglich gestalten. Wichtig für mich ist, nicht stehen zu bleiben, sondern weiterzukommen, mich weiterzuentwickeln.

Immer, wenn mich jemand fragt, wie ich mit meiner Krankheit, mit meinem Zustand der Ungewissheit zurechtkomme, antworte ich: "Ich bin vorbereitet." – "Wenigstens ein Vorteil", wird mir oft ohne Ironie entgegnet. "So sehe ich es auch!", denke ich mir und merke, dass meine Antwort sehr nachdenklich macht.

Deshalb habe ich natürlich noch lange nicht mein Leben im Griff. – Immer, wenn ich meinte, mein Leben besser im Griff zu haben, musste ich bemerken, dass das Leben sich niemals in den Griff nehmen lässt. Also habe ich mich von diesem Gedanken getrennt und überlasse es dem Schicksal bzw. meinem Leben, mich »*im Griff zu behalten*« (falls lebenswert hoffentlich noch lange) und mich loszulassen, wenn die Zeit dafür da ist.

Nur, wann der richtige Zeitpunkt ist, wird für die meisten Menschen immer ein Rätsel bleiben. Ich für meinen Teil akzeptiere, dass ich alleine auf diesen richtigen Zeitpunkt größtenteils keinen Einfluss habe, vertraue meinem Schicksal, es besser zu wissen. Wie Ihr in Eurem hohen Alter so habe auch ich als Krebspatient die Möglichkeit, mich auf diese richtige Zeit noch rechtzeitig einzustellen, eben nicht unvorbereitet zu sein! – Welch ein Vorteil, welch eine Chance! Deshalb macht Euch um mich keine Sorgen.

»Media vita in morte sumus« (Mitten im Leben sind wir des Todes bzw. vom Tode umgeben). Doch diese Feststellung ist nur für diejenigen vernichtend, die nicht oder nie mit dem Tode rechnen. Da bin ich Euch, liebe Eltern, sehr nahe gekommen. Euch erfahrene alte Menschen und mich als Krebspatienten trifft nicht die Feststellung über den Tod, sondern nur noch der Tod selber.

49

Der Tod ist doch nur ein Übergang. Mag er für die meisten Sterbenden und Hinterbliebenen als Tragödie empfunden werden, auf geistiger und seelischer Ebene geben wir doch nur wieder ab, was wir uns für begrenzte Zeit ausgeliehen haben, unseren Körper, und machen uns auf die Reise in weitere Verwandlung gleich einer Metamorphose ...

Ich weiß, dass Euch meine lebensgefährliche Krankheit sehr zu schaffen macht. Dann fühle ich mich wie ein kleines Kind, das trotz Krebs, trotz Behinderung keinen dafür verantwortlich und traurig machen möchte, Euch am wenigsten, sondern einfach nur leben, lachen und geliebt werden will – auch als Erwachsener.

Ihr wisst, dass ich gerne von mir behaupte, solange an mir arbeiten zu wollen (oder zu müssen), wie ich atmen kann und bei Sinnen bin, so, wie ich es von Euch trotz Eures hohen Alters auch erwarte (und deshalb Euch darum stets bewundere), denn Alter schützt vor Dummheit nicht. Aber genau dieses Verlangen gibt mir Lebenskraft und Lebensmut, da ich mir einbilde, noch lange leben zu müssen, um meiner Weiterentwicklung gerecht zu werden ... Das hilft mir übrigens immens.

Früher war der Sommer meine schönste Jahreszeit. Heute, mit Reife und Alter, ist es der Herbst ... Nicht einen Tag, eine Minute möchte ich jünger sein. Alles kann ich heute abtun mit Sätzen wie: »Hat man ja nicht wissen können« oder »Geht aufs Konto Lebenserfahrung«! Ob ich alles besser machen würde, wenn ich alles noch mal durchlebte, ist doch sehr unwahrscheinlich.

Wie viele ältere Menschen kenne ich, die gern die Ausrede für eigenes Versagen anführen: »Das haben wir damals nicht gewusst!« oder »Das war damals alles anders!«. Besser wäre es, zuzugeben: »Das wollten wir damals gar nicht wissen!« oder »Wir haben es trotz besseren Wissens auch nicht besser geschafft!«. – Da nehme ich Euch gar nicht aus. Aber darüber sprechen wir ein anderes Mal.

Alles hat seine Zeit und vergangene Zeiten sollten vergangen bleiben. Geduld, Güte, Liebe, Hilfsbereitschaft, Freude, Glück, Weisheit und Verständnis sind dagegen Eigenschaften, die niemals alt werden, vielmehr erst im Alter zur vollen Blüte und Reife gelangen. »Das Alter ist nicht der Abend des Lebens, sondern die Morgendämmerung der Weisheit«, schreibt Joseph Murphy. Meine verbleibende Lebenszeit möchte ich noch gern nutzen, in Würde und mit Weisheit und Liebe alt zu werden, stets lernfähig auch noch in hohem Alter, wenn es mir denn vergönnt ist!

Ich wünsche Euch Eurem Alter entsprechende gute Gesundheit, Güte und Nachsichtigkeit und vor allem Liebe von ganzem Herzen,

herzlich und in Liebe,

Euer Sohn

Stephan

Ein Gedanke:

Hoffentlich wissen die Menschen,

wie wichtig sie für andere sind, nur dass sie da sind,
wie gut es anderen tut, sie nur zu sehen,
wie tröstlich ihr gütiges Lächeln,
wie wohltuend ihre Nähe ist,
wie viel ärmer wir ohne sie wären.

Und sollten sie es nicht wissen,
dann müssen wir es ihnen sagen,
zurufen, schreiben, zeigen,
dass sie für uns und sich
ein Geschenk Gottes sind.

November 2007

Liebe Mitbetroffene,

im letzten Brief schreibst Du mir, dass Du Deinen Krebs und seine Auswirkungen vor Deinen Freunden und Bekannten versuchst, ganz zu verbergen, ja, ihnen sogar vorspielst, es gehe Dir gut. – Und doch leidest Du unter Dir und der für Dich verständnislosen Reaktion Deiner Umgebung.

Wie soll denn Deine Umgebung reagieren, wenn sie nicht weiß, wie es Dir wirklich geht? Wie schaffst Du es, den anderen etwas vorzuspielen? Woran denkst Du dann, was macht Dich so stark, anderen überhaupt etwas vorspielen zu können? Und vor allem, warum spielst Du überhaupt anderen etwas vor?

An dem Krebstod eines Nachbarn von mir habe ich selbst erfahren, wie einsam man wird, wenn man sich zurückzieht, keine Mitteilung macht, Betroffenheit nicht zulässt, anderen Normalität vorspielt. Erst nach seinem Tod habe ich von dessen Lungenkrebs erfahren. In seinen letzten Tagen habe ich ihn nicht einmal mehr erkannt, sondern angenommen, dass seine Frau ihren alten Vater zur Pflege genommen hat, und mich gewundert, warum ich ihren Mann nicht mehr zu Gesicht bekam. Lebten sie etwa in Trennung?

Als ich der Frau dieses verstorbenen Nachbarn später von meinem Krebs berichtete, lud sie mich gleich ins Haus ein, war froh, über ihr Schicksal berichten zu können und bemerkte dann: "Viele haben sich von uns zurückgezogen, den Kontakt eingestellt." – Wie soll man aber reagieren, wenn man entweder nicht informiert wird oder aber merkt, dass diese Angelegenheit für die Betroffenen ein Tabu-Thema ist?!

Als betroffener Krebspatient möchte ich nicht in Resignation, Verzweiflung und Gleichgültigkeit enden, ich will Fragen stellen und gestellt bekommen, Interesse zeigen und gezeigt bekommen, Lebenslust spüren und zeigen dürfen und erhoffe mir echte Anteilnahme. – Dafür muss ich aber auch etwas tun, zumindest offen sein, auch damit rechnen, dass viele mit dem Tabu-Thema Krebs schlecht umgehen können.

Mit meiner Krebserkrankung versuche ich deshalb bewusst sehr offensiv umzugehen: Schweigen ist nicht immer Gold! Nach der endgültigen Prognose Krebs habe ich sehr schnell meine Familie, Freunde und Nachbarn über mein bevorstehendes Schicksal informiert und sie gebeten, sich nicht zu wundern, wenn ich demnächst ohne Haare und mit aschgrauem Gesicht umherliefe! – Ich wollte ihnen das Nachfragen ersparen und ihnen mitteilen, dass es mir eventuell nicht gut ginge! – Und ich wollte nicht, dass sie mich eventuell aus Scham nicht grüßten! – Sie sollten wissen, dass eine schwere Zeit auf mich zukommt, ich mich äußerlich verändern, aus verständlichen Gründen wohl auch häufiger nicht "gut drauf" sein werde, dass ich aber gerne den Kontakt halten wolle, trotz aller Missgeschicke, die auf mich zukommen werden. Ich weiß ja, dass man nach einer Chemotherapie selten zu fragen wagt: "Was fehlt Dir?" oder "Was fehlt Ihnen?".

Meine Nachbarin auf der anderen Seite, eine ältere Dame, leitet einen Gebetskreis, in deren Fürbitten sie mich einschließt seit sie von mir über meinen Zustand erfahren hat. – Dafür bin ich Ihr sehr dankbar. Mögen wir in speziellen Religionsfragen unterschiedlicher Meinung sein, unzweifelhaft ist für mich der Wert eines jeden Gebetes, insbesondere eines Gruppengebetes:

> »Alles, was zwei von euch auf Erden gemeinsam erbitten, werden sie von meinem himmlischen Vater erhalten. Denn wo zwei oder drei in meinem Namen versammelt sind, da bin ich mitten unter ihnen.«
> (Matthäus 18,20)

Für manch andere dagegen gilt: "Wenn man nicht krank aussieht, ist man es auch nicht". – "Du siehst doch ganz gesund aus!", höre ich dann! – Wenn ich dann geduldig erkläre, dass 100 % Schwerbehinderung und meine von der Schulmedizin abgegebene "Schlechte Prognose!" wahrscheinlich nicht von ganz ungefähr kommt, möchte jedenfalls keiner mit mir tauschen.

Aber ich bin den Nicht-Betroffenen nicht böse um ihre Ansichten, sie wissen es nicht besser! Ich denke, dann ist es Aufgabe und Chance des Betroffenen, sich zu erklären, sein verändertes Denken darzulegen! Auch, wenn es uns schlecht geht! Aber auch sagen, warum !!! – Hatte ich damals als Nicht-Betroffener denn mehr Verständnis für Betroffene?! – Ich weiß es gar nicht mehr so recht!

Zu viele Betroffene treffe ich, die die Nicht-Betroffenen für ihr Unverständnis schmähen, sich unverstanden fühlen, mehr Verständnis für sich erwarten, ohne sich selbst aber mitzuteilen! – Woher soll der Andere wissen, wie es dem Betroffenen geht?!

Wir Betroffenen müssen und haben uns mit unserer Krankheit auseinandergesetzt, nicht aber der Nicht-Betroffene!

Mehrheitlich habe ich gute bis sehr gute Erfahrungen mit meiner offensiven wie offenen Art erlebt, wenngleich es sehr wohl auch Menschen gibt, die darin ein »Kokettieren mit der eigenen Krankheit« sehen, warum auch immer! – Mir hilft es jedoch und ich bin nicht durch meine Krankheit einsamer geworden, sondern habe dadurch im Gegenteil heute mehr enge Vertraute und echte Freunde als vor meiner Krankheit dazugewonnen. Ich spreche ja nicht andauernd über meine Krankheit! Aber ich habe mich selber mitgeteilt und meinem Gegenüber das Gefühl gegeben, mich jederzeit daraufhin ansprechen oder fragen zu können. – Sicherlich kommt hinzu, dass ich mich auch selbst sehr verändert habe, meine Aggressivität zurückfahre, versuche, mehr Verständnis für mein Gegenüber aufzubringen, mich mit allem zu versöhnen! Mein eigener Friede ist mir sehr wichtig! Das heißt nicht, dass ich zu allem »Ja« und »Amen« sage, im Gegenteil, um "meinen Frieden" und "meine Freiheit" kämpfe ich!

54

Krebs bekämpft man nicht nur mit Chemo, Bestrahlung und Medikamenten, sondern mit Veränderungen (Verbesserungen) der Psyche und Seele, mit guter Ernährung und Bewegung für den Körper. Dann fühlen sich Seele und Geist hier wohl!

Ich denke, einer der größten Fehler von betroffenen Krebspatienten ist, in Selbstmitleid zu versinken, sich gegenseitig zu bejammern oder alles zu verdrängen! Was kurzfristig das Gemüt beruhigen mag, hat letztendlich schwere Folgen für die Psyche: Negative Einstellungen können nichts Positives bewirken. Jeder Gedanke hat seine Wirkung in die Richtung, in die er gedacht wird.

Legen wir lieber unser Augenmerk auf die Chancen, die dieses Schicksal eröffnen kann!

Im Januar (2007) bin ich 57 Jahre alt geworden, über jedes weitere Jahr freue ich mich mehr, als jemals zuvor, möchte aber auch nicht ein Jahr jünger sein, denn jedes Lebensalter hat seine eigene Dynamik, seine Entwicklungsmöglichkeiten, seinen Charme und Glanz. Kein Jahr möchte ich in meinem Leben missen: Alles hat mich irgendwie weitergebracht, selbst der Befund meiner Krebskrankheit!

Denn der Krebsbefund hat mich erst richtig wachgerüttelt, einen ungeheuren Veränderungsprozess bei mir in die Wege geleitet, wozu ich sonst wahrscheinlich Jahre gebraucht hätte oder den ich ohne Krebsbefund gar nicht an- und eingegangen wäre.

Ich bekämpfe meinen Krebs nicht mit negativen Gedanken. Eher versuche ich, alle meine verbleibenden Chancen zu nutzen, ohne mich durch die negative Energie des Krebses abnutzen zu lassen. Ich kämpfe nicht *gegen* meinen Körper, sondern *mit* meinem Körper. Und Krebszellen sind nun mal *körpereigene Zellen*. Also kümmere ich mich mehr um meinen Körper (und meine Psyche!), um beide zu entlasten, um meine körpereigenen Abwehrkräfte, mein überlebenswichtiges Immunsystem zu stärken.

55

Ich lasse mein Schicksal zu, ergebe mich ihm in vollstem Vertrauen, höre in meinen Körper hinein, höre zu: Ich nehme alle Signale meines Körpers auf und versuche sie umzusetzen. Du kannst mich auslachen, aber ich spreche mit meinem Körper, meinen einzelnen Körperteilen und Körperzellen, erst recht mit meinen Krebszellen wie mit einer Person, denn zu Personen kann ich schneller emotionale Gefühle aufbauen. Gefühle und Emotionen sind meine besten Waffen gegen den Krebs. Nur mit Emotionen komme ich in meine letzte Körperzelle.

Ich vertraue darauf, dass mein Körper es schafft und meinen Krebs dazu bewegt, von alleine zu gehen oder still zu halten. »Mein lieber Krebs, treib es nicht zu weit: Du bist ein Teil von mir. Wenn ich sterbe, dann hast Du damit auch Dein Ende besiegelt! – Also, überleg es Dir genau!«. –Bisher hat's genau so geklappt!

Mir würde es ja reichen, dass sich nichts verschlimmert! – Damit kann ich leben, ganz bewusst leben, denn mein Krebs ist mir nicht gleichgültig. Ich respektiere, achte und beachte ihn, überhöre seine Botschaft nicht, aber mich von ihm abhängig zu machen, das werde ich nicht!

Letztendlich kann ich heute sagen: "Trotz aller Krankenhausaufenthalte, Untersuchungen und Bestrahlungen war ich noch nie so glücklich wie im letzten Jahr!" – Und meine Ärzte sagen auch nicht mehr viel: Sie wundern sich, dass ich noch lebe!

Du fragtest mich, ob mir der Tod nicht "bange" mache?

Nein, nicht bange, er flößt mir eher Respekt ein! Den Tod möchte ich als zuverlässigen Freund gewinnen, der auch dann zur Stelle ist, wenn ich ihn um meinen letzten Gefallen hier auf Erden bitte. Es gibt sicherlich Situationen, wo Gevatter Tod die bessere Alternative zum Leben ist! Da bin ich wie ein Indianer! – Wie kann ich da Angst vor ihm haben?

Ich lebe doch und lebe gerne! – Mir macht es aber nichts aus, den Tod in meinem Schatten zu haben, zumal als Freund. Der Unterschied zu einem Nicht-Betroffenen ist doch nur der, dass ich den Tod wahrnehmen kann! – Dem Tod sind wir alle geweiht, nur dass wir Krebspatienten vorgewarnt sind! Keine Zeit mehr zu vergeuden, unsere Zeit besser zu nutzen, intensiver zu leben, einfach mehr an unserer Veränderung und unserem Glück zu arbeiten, ist doch ein riesiger Vorteil!

Mit dieser Strategie habe ich alle Krebs-Prognosen überlebt! – Zufall ? ! – Mag glauben, wer will!

»Was nach dem Tode kommt?!«, fragst Du mich. – Das kann ich Dir am wenigsten beantworten, da fühlen sich andere berufener. Sicher ist, wie alles absterbende Leben werden wir wieder zu Erde, aus der neues Leben entsteht. Das ist der körperliche Aspekt. Vielleicht bleiben unsere Seelen bestehen, tauchen ab und wieder in einem neuen Leben auf! – Was auch immer geschieht, wir werden es alle zu gegebener Zeit erfahren – und glaube mir, wenn es einen Gott gibt, wird er keinen Unterschied machen zwischen einem selbsternannten »Gläubigen« und einem (meist von eben diesen Gläubigen bezeichneten) »Ungläubigen«, denn alle Lebewesen sind seine Schöpfung, sein Wille, sein Gedanke! Und Gott befand sein Werk für gut, heißt es! – Ich denke, einige werden sich noch wundern, besonders die, die meinen, die Weisheit allein für sich gepachtet zu haben und damit einen Freifahrtschein ins Paradies zu besitzen! – Aber wenn es ihnen hilft, ihr Leben besser zu bewältigen, sei es ihnen vergönnt, solange sie nicht Andersdenkende an ihrem Lebensweg hindern!

Deine Bedenken, dass "Positives Denken" letztendlich doch zu oberflächlich sei, teile ich nicht. Im Gegenteil: Positives Denken öffnet verschlossene Türen, weitet unsere Wahrnehmung aus, verstärkt Freude und alle Glücksgefühle und lässt damit ungeahnte Tiefen zu! – Unter Tiefe verstehe ich nicht nur Melancholie,

Trübsal, Furcht und Verbitterung! – Tiefe schließt auch Glück und Liebe ein. Seit meiner Krebserkrankung erlebe ich mehr Tiefe und empfinde mehr Liebe als je zuvor.

Ich achte mehr auf das, was ich denke! – Wo Licht ist, ist auch Schatten, das heißt aber auch: Wo Schatten ist, ist auch Licht!

Ich lasse Niedergeschlagenheit auf Dauer nicht mehr zu (sofern ich dies steuern kann), denn ich will selbstbestimmt leben und nicht vom *Krebs* oder sonstigen *"Miesepeter"* abhängig sein!

Mein Weg ist mein Ziel: Ich will mich weiter entwickeln, ein vollkommenerer Mensch werden: zufrieden, gütig, demütig, liebenswert, liebevoll ... ein großes Ziel, aber noch weit entfernt. Dennoch, der Weg dorthin ist spannend, man vergisst dabei zuweilen seine Krebserkrankung, dafür lohnt es sich zu leben, aber nicht, sich zu ängstigen, denn wer sich ängstigt, kann keinem Mut machen, am wenigsten sich selber! – Die Welt und sein Leben so zu nehmen, wie sie sind, das macht angstfrei, unheimlich stark, zufrieden, neugierig!

Und biblische Sätze wie: "Werdet wie die Kinder!" und "Glaube versetzt Berge!" gelten für Gläubige wie Ungläubige! –Kinder haben unendliches Vertrauen (und Neugierde) in die Welt, Voraussetzung zur Lebensfähigkeit! (Positiver) Glaube hilft und heilt auch uns, die wir erwachsen sind!

Wenn »zu jeder Wahrheit auch das Gegenteil wahr ist«, wie es der weise Buddha »Siddhartha« in der gleichnamigen Erzählung von Hermann Hesse seinem Freund Govinda als seine größte Weisheit anvertraut, dann gibt es auch zu jedem Tod ein weiteres oder anderes Leben, dann gibt es auch zu jeder Krankheit Heilung, zu jedem Krebs ein Gegenmittel. – Darauf bin ich gespannt! – Aber keiner sollte vergessen: Sterben müssen wir alle, ob vorbereitet oder unvorbereitet, ob gläubig oder ungläubig.

Und wenn ich es mir recht überlege: Wenn immer ich in meinem Leben scheinbare Katastrophen rückwirkend betrachte, kann ich feststellen, dass sie bei mir auch etwas Positives bewirkt haben!

Also, lassen wir Wehmut (Schatten und Dunkelheit) nicht überhand ergreifen, sondern schauen neugierig auf das, was jetzt auf uns zukommt: Nutzen wir die Zeit, die uns bleibt! – Beginnen wir, nicht im *Gestern* oder *Morgen* sondern im »*Jetzt*« zu leben! – Zum Verschwenden von *Zeit* durch Missmut und Verzweiflung haben wir keine *Zeit* mehr, dass können sich nur die scheinbar Gesunden erlauben! Wo Licht ist, ist auch Schatten! Achten wir mehr auf das Licht, lassen wir mehr Helligkeit in uns, freuen wir uns mehr über jede Sekunde unseres Lebens, als jede Sekunde durch Hadern mit dem Leben zu vergeuden … und siehe da, die Angst weicht, wirkliche innere Stärke wächst.

Ich bewundere Menschen, die mit dem Tod vor Augen erst richtig anfangen zu leben! – Zu diesen Menschen will auch ich gehören!

Fangen wir an, entsprechend unserer Persönlichkeit zu leben, ohne Angst, voller Freude! – Daran arbeite ich, und ich denke, es lohnt sich!

In diesem Sinne

herzlich,

stephan

Affirmation

Ich bin gelassen,
zufrieden und ruhig.

Oktober 2007

Liebe Kritikerin,

nun "streiten" wir uns schon längere Zeit über das »Wie und Was« bei einer Krebserkrankung. Über Deinen Brief mit Deinen kritischen Fragen als ebenfalls betroffene Krebspatientin habe ich mich dennoch sehr gefreut, aber streiten möchte ich mich auf keinen Fall.

Auf alle Deine Aussagen werde ich nicht eingehen können oder sie kommentieren, das steht mir nicht zu und geht mir zu weit! Ich stehe auch nicht auf dem Standpunkt, immer Recht zu haben. Im Gegenteil: An allen Ecken und Enden zitiere ich gerne den weisen Buddha »Siddhartha« von Hermann Hesse: »... von jeder Wahrheit ist das Gegenteil ebenso wahr!«. Jeder wird sich sein eigenes Urteil bilden können und sollen. Menschen, die meine Sichtweise nicht teilen, werde ich sicherlich nicht überzeugen können, von einer »Chance trotz Krebs« oder sogar »Krebs als Chance« zu sprechen! – Du gibst Dir selber die Chance oder lässt es bleiben. Zu einer Chance kann man keinen zwingen, und was für den einen eine Chance ist, muss für den anderen noch lange keine sein.

Ich bin ein Mensch, kein Übermensch und seit meiner Krebserkrankung mit noch mehr Empfindlichkeiten versehen als zuvor, aber auch mehr Willen, mein Leben auf meine Art zu meistern!

Und eine Art ist, mir vieles von der Seele schreiben zu dürfen (ein hervorragendes Heilmittel), natürlich ohne jemanden verletzen oder verärgern zu wollen, sondern in der Hoffnung, nicht nur sich selber, sondern gelegentlich auch jemand anderem damit geholfen zu haben!

Kritik kann zerstörerisch oder heilend wie eine Kinderkrankheit wirken. Deine Kritik hat mich belebt und mich bewogen, tiefer nachzufragen, sicherer zu werden, aber dabei sehr wohl ich zu bleiben! – Wer seine Tür zugeschlossen hält und nicht öffnet, darf sich nicht wundern, wenn keine Gäste mehr hereinkommen! – Ich aber möchte Gäste in meinem Leben haben und erleben.

→   Du fragst mich, was ich suche? Ob ich an irgendetwas zweifele? Ob ich offene Fragen hätte, über die ich noch nicht schreiben mag oder ob ich hauptsächlich Bestätigung oder noch was ganz anderes suche?

In Deinen Worten spüre ich Ironie und leichte Unterstellungen. Natürlich suche ich Bestätigung, aber in der Art, zu erfahren und zu hoffen, dass es anderen auch besser geht, wenn sie die Auswirkungen ihres Krebses einmal von einer ganz anderen Seite her beleuchten. Du selbst hast einmal an anderer Stelle geschrieben, dass es immer ein gutes Gefühl sei, Gleichgesinnte anzutreffen.

Auf der anderen Seite bin ich natürlich auch ein stets Suchender, offen, notwendige Veränderungen durchzuführen: Sowohl im Denken, als auch im Handeln!

→   Im letzten Brief erwähnst du immer den »Zufall« oder sprichst von »zufällig«.

Über »*Zufälle*« lässt sich so lange diskutieren wie über das Thema: Was war zuerst: Das Huhn oder das Ei? – Der Geist oder die Materie?! Hier nur so viel: Die Wortbildung "Zu-fall" sagt schon eine Menge aus, nämlich dass jemanden etwas zu-fällt! Und da nichts ohne Grund und Ursache passiert oder einem zu-fällt (sonst gäbe es keine Wissenschaft, die nach Gründen und Ursachen forscht!), ist die Bedeutung des Wortes Zu-fall heute genau das Gegenteil von dem, was es eigentlich bedeutet!

Das Gesetz der großen Zahl besagt z.B., dass die logische Chance bei einer zufällig geworfenen Münze, die Seiten Kopf oder Zahl zu erhalten, 50 % beträgt. Wirfst Du aber die Münze z.B. 10 Mal, kann Dir durchaus passieren, dass 8 Mal Kopf und nur 2 Mal Zahl erscheint! Zufall?! – Bei Versuchen, die Münze 10.000 Mal und mehr zu werfen, hat man aber festgestellt, dass in der Tat gilt: Je häufiger man die Münze geworfen hat, umso ausgeglichener ist das Verhältnis von Kopf und Zahl, um so näher kommt man an das Ergebnis »50% Chance«. Man spricht vom Gesetz der »Großen Zahl«, d.h. je häufiger man bestimmte zufällig erscheinende Vorgänge durchführt, umso wahrscheinlicher ist eine zuvor berechenbare Wahrscheinlichkeit! – Aber das Gesetz der »*Kleinen Zahl*«, der »*Zufälle*« kennt man dagegen noch nicht!

Kannst Du Dir vorstellen, dass aus vielen Zufällen immer wieder die gleiche Ordnung (z.B. 50%) entsteht? – Wenn ja, können wir doch nicht mehr von »Zufall« sprechen! Zufälle können doch nicht immer das gleiche Ergebnis bringen, dann handelt es sich doch nicht mehr um einen Zufall!

Für mich ist also der »Zufall« immer ein »Zu-fallen«! – Da werden wir wohl anderer Meinung bleiben!

→ Du schreibst, dass die Forschung eine Menge Korrelationen, aber wenig echte »Ursachen« aufzeige, dass man nicht wirklich von »einer Ursache« sprechen könne und insbesondere den Kranken keine »Schuld« treffe.

Der Meinung bin ich auch! Es gibt unendlich viele Ursachen. Aber darunter kann natürlich auch der Faktor oder die Ursache »Schuld« sein!

→ Du schreibst, dass manche Leute ihr Leben lang rauchten und keinen Krebs bekämen. Also doch alles irgendwie nur ein Unfall sei?

Ich halte es nicht für einen Unfall oder Zufall, wenn ein Raucher Krebs bekommt, sondern eher für das Glück des Rauchers, wenn er keinen Krebs bekommt! Denn wenn ich rauche (und ich habe 30 Jahre lang stark geraucht!), habe ich nachweislich ein erheblich höheres Lungenkrebsrisiko als ein Nichtraucher: Wenn von 100

Leuten, die über eine stark befahrene Autobahn laufen, zwei Menschen heil auf der gegenüberliegenden Seite ankommen, kannst Du natürlich auch sagen, es gibt Leute, die beim Überqueren von stark befahrenen Autobahnen heil ankommen, und annehmen, dass die anderen nur zufällig einem Unfall erlegen waren! Läufst Du dann demnächst auch über eine stark befahrene Autobahn?! – Russisches Roulette haben nachweislich auch einige Leute überlebt, deswegen ist dieses Spiel noch lange nicht ungefährlich! – Und Rauchen ist eben ungesund, gefährlich und schlimmer: *Sucht!* – Diese Ursache ist nachweislich erforscht und nicht mehr diskutabel, auch wenn verständlicher Weise der Raucher dies nicht wahr haben will!

→ Du schreibst, dass die innere Einstellung in einer kleinen Anzahl der Fälle vielleicht das Zünglein an der Waage sein kann. Aber viele müssten dennoch an Krebs sterben.

Da sind wir wirklich einer Meinung: Das Zünglein an der Waage! Ein großartiges Bild, sehr gut getroffen! – Genau das versuche ich, nämlich unter den vielen Ursachen und Gründen meiner Krankheit dort etwas zu bewegen, wo ich es kann, wo ich Einfluss habe, selbstbestimmt und eigenverantwortlich das »Zünglein an der Waage zu spielen«: Nämlich gesund zu leben (gar nicht so einfach!), gesund zu denken (fällt mir auch nicht immer leicht!), positiv zu visualisieren, da wir heute wissen, welche Macht die Imagination auf alle körperlichen Funktionen hat! – Körper und Geist sind eben nicht zwei völlig losgelöste Systeme! – Und das gilt nicht nur für eine kleine Anzahl von Menschen, sondern für alle, auch für Dich. Du musst es nur nutzen! Es liegt in Deiner Macht! Du allein bestimmst es!

Wir sterben alle! Nur bei uns Krebskranken vermutet man das Eintreffen des Todes eher! Es ist nicht der Krebs allein, sondern das Versagen irgendeiner lebenswichtigen Körperfunktion (unter anderem verursacht durch den Krebs)! Übrigens sterben alle Menschen letztendlich am Versagen irgendeiner Körperfunktion! Das ist der Lauf der Dinge! – Andererseits haben manche Leute Krebs und werden sehr alt damit: Meine Eltern haben seit über 20 Jahren Darmkrebs, mein Vater dazu noch Prostata-Krebs, aber er feiert in diesem Monat seinen 90., meine Mutter wenig später ihren 88. Geburtstag! Beide sind geistig sehr rege und körperlich ansonsten fit!

→ Du schreibst, dass Du Dir ziemlich sicher seist, dass Leute, die eine Lebensweise mit Harmonie von Körper, Seele und Geist haben (die also nichts ändern müssen), auch Krebs bekommen können.

Das mag sein, aber sicherlich doch seltener als jemand, der sich einem erhöhten Krebsrisiko auch noch durch Eigenverschulden aussetzt. Ausgerechnet diese Menschen weisen verständlicher Weise besonders auf die Mit-Betroffenen hin, die ohne erkenntliche Selbstverursachung Krebs bekommen haben. – Gesund sein heißt für mich, in Harmonie mit seinem Körper zu leben, Krankheit dagegen, dass etwas im Ungleichgewicht ist, was nach Harmonie strebt. Zu einem harmonischen Leben gehören auch das Sterben und der Tod, aber zum richtigen Zeitpunkt (den wir natürlich nicht kennen!). Wer aber in einer gesunden Lebensweise in Harmonie mit seinem Körper, seiner Seele und seinem Geist lebt, wird das Risiko von körperlicher und seelischer Krankheit erheblich mindern, da bin ich mir sehr sicher! Denk nur oben an die Überquerung einer stark befahrenen Autobahn oder ans russische Roulette!

→ Du schreibst, dass Du es für selbstverständlich hältst, dass man möglichst selbstbestimmt lebt.

Ich auch, allerdings muss man zur Selbstbestimmung auch in der Lage sein oder sie sogar erst einmal erlernen. Gut für Dich, dass Du schon immer selbstbestimmt gelebt hast. Ich dagegen stelle erst jetzt im Alter fest, dass ich mein Leben zu häufig nicht selbstbestimmt gelebt habe, obwohl es nach außen hin so schien! In jungen Jahren (und das ist sicherlich ein Privileg der Jugend, die sich gern erfahren gibt mit Sätzen: "Ich weiß Bescheid! – Mir braucht ihr nichts vorzumachen!") war ich mir in vielen Dingen sicherer, habe aber nicht danach gelebt: Heute bin ich in vielen Dingen unsicherer, lebe aber dafür konsequenter mein Leben! – Das Einzige, was aus jugendlicher Zeit geblieben ist, ist der Wunsch zu steter wachsender Veränderung, heute mehr denn je, denn mein Ziel im Leben ist Entwicklung, nicht Stillstand! – Ansonsten bin ich ziellos, lebe im »Jetzt«, im »Jetzt erst recht!« ...

... deshalb Danke für Deinen Beitrag, meine liebe Kritikerin! Wir bleiben im Gespräch!

Herzlich,

stephan

Johann Wolfgang von Goethe

Nicht die Umstände bestimmen uns,
sondern wir bestimmen unsere Umstände.

Marcus Aurelius

Das Leben eines Menschen ist das,
was seine Gedanken daraus machen.

65

Als ich kurz vor Erscheinen dieses Buchprojektes seit langem wieder einmal das Krebsforum aufsuchte, in dem ich mich oft über Krebs, Krankheit und Tod mit der "Lieben Kritikerin" des vorherigen Briefes gestritten hatte, musste ich zu meinem Bedauern feststellen, dass sie im Juni 2008 verstorben war. Ich postete einen letzten Abschiedsgruß in dem Thread, in der ihr Sterbetag bekanntgegeben wurde, aber diesmal als Freundin:

September 2009

Liebe Freundin,

vor Jahren, als ich hier im Forum mein öffentliches Tagebuch geführt habe, warst Du eine der ersten, die mir geantwortet, mit mir über Sichtweisen und Lebensbedingungen eines Krebspatienten herzlich und weniger herzlich, aber immer sehr ausführlich diskutiert haben.

Du warst immer neugierig, hast alles hinterfragt und ich habe oft nur Dir lange Antwortbriefe schreiben "müssen".

Vor zwei Jahren hatte ich mich hier abgemeldet, alle meine Beiträge gelöscht und mich zurückgezogen, um mir mehr Zeit für wesentlichere Dinge zu nehmen. – Seit dieser Zeit habe auch nie wieder in dieses Krebsforum reingeschaut.

Aber ich war nicht untätig, habe mittlerweile zwei Buchprojekte zum Thema Krebs verfasst, in denen Du Dich an mancher Stelle wieder erkannt hättest. Nun bin ich zurückgekehrt, um Dir das mitzuteilen, und muss zu meinem Bedauern feststellen, dass Du uns wirklich verlassen hast.

Wie gern hätte ich Dir meine Bücher gezeigt!

So bleibst Du aber doch unter uns, gedanklich, zumindest in meinen Buchprojekten verewigtlicht!

Wir Krebspatienten müssen alle mit dem vorzeitigen Tod rechnen. Ich weiß, Du hast Dich gegen diese Vorstellung damals sehr gewehrt. Umso fassungsloser bin ich über Deinen für mich so plötzlichen Tod, ausgerechnet Du, der Du vom Tod nichts wissen wolltest.

Du bist von uns gegangen ... und doch nicht! – So lange wir Dich in unseren Gedanken und Herzen behalten, an Dich denken, mit Dir sprechen, wie ich es hier tue, so lange bleibst Du weiter unter und mit uns! – Magst Du ein Mensch mit Ecken und Kanten gewesen sein, eher offen und zuweilen angriffslustig als verschlossen, gerade in Deinen letzten Beiträgen sehe ich, dass Du dem Tode ins Auge sehen konntest. Nun doch!

Trauer kann man nicht sehen, nicht hören. Trauer kann man nur fühlen. Jeder erlebt sie auf seine Art. – So fühle ich auf meine Art und schicke Dir diesen Gruß, wo immer Du auch jetzt bist, nach!

Herzlich,

stephan

Affirmation

Mein Weg ergibt sich von alleine,
wenn ich nur loslasse
und ihn
im Vertrauen gehe.

24. Dezember 2007

Liebste Gabi,

Weihnachten hat bei uns immer eine ganz besondere Bedeutung, und das in vielerlei Hinsicht:

Als wir uns im Herbst 2002 kennengelernt haben, waren wir Weihnachten 2002 schon wieder getrennt, obwohl wir uns doch so mochten, die heißesten aller Nächte verbracht hatten …

Aber die Zeit war wohl noch nicht reif für uns.

Kurz vor Weihnachten 2002 habe ich dann meinen ersten Weihnachts- und Silvesterbrief an Dich geschrieben, in der Hoffnung, etwas bewirken zu können und wieder etwas von Dir zu hören.

Wie ich später erfahren durfte, haben meine Worte bei Dir sehr viel bewirkt, Dich sehr beschäftigt, und, wenn auch sehr verspätet, Dich dazu bewogen, mich nach Wochen Ende Januar 2003 endlich wieder zu kontaktieren.

Wenn ich es auch damals nicht sofort zugab: Ich war erleichtert, habe mich riesig gefreut!

Heute sind wir nun fünf Jahre zusammen,
fünf wunderschöne Jahre

Nachdem ich Dich im Oktober 2002 kurz kennengelernt, dann aber wieder aus den Augen verloren habe, möchte ich die wenigen, aber wesentlichen Aussagen aus meinem damaligen ersten Brief an Dich »Silvester 2002« festhalten, vertiefen, bestätigen, erneuern, festschreiben … :

Schon damals warst Du für mich mein

>>*Mensch des Jahres 2002*<< !

Es war ein besonderes, einmaliges und erregendes Erlebnis mit Dir, aber leider sehr kurz ...

Immerhin hat diese Begegnung tiefe Gefühlsspuren hinterlassen.

Und mein liebstes Gedicht habe ich damals ganz in Dich versunken und an Dich denkend so verfasst:

Lass die Sonne in Dir scheinen,
sieh die Welt in den Farben Deiner Träume,
erhelle sie mit dem Licht Deiner positiven Gedanken
und gib ihr die Wärme Deines Herzens.

... und Dir gewünscht:

In diesem Sinne
wünsche ich Dir
ein lichtes und lebendiges
wirklich neues Jahr,
gesund und erfolgreich,
liebevoll und erfüllt,

stephan

PS: Schau Dir die Bilder genau an!
Und beherzige meine Worte ...

Die Bilder auf dem mit Sternen versetzten Briefpapier waren: Die Mondsichel eines zunehmenden Mondes, dessen größter Teil durch Dunkelheit verdeckt war, dessen sonnenartiges Lächeln man aber sehr wohl wahrnehmen konnte. – Es war das Sinnbild für den Stand unserer damaligen Beziehung: Dunkle Nacht, aber Sterne und die Sichel eines zunehmenden (lächelnden) Mondes!

Was ist davon geblieben? – Was passiert?

Alles hat sich mehr als erwartet, mehr als erhofft, erfüllt: Du hast Dich bei mir wieder gemeldet (wenn auch mit reichlicher Verspätung!), wir haben uns wieder in einander verliebt, sind zusammengezogen und haben geheiratet:

Eine Patchworkfamilie mit 6 Kindern ist entstanden!

Und wenn bisher noch nicht ausgesprochen, dann jetzt:

Du warst und bist:

>>Mein Mensch des Jahres 2003<< !
>>Mein Mensch des Jahres 2004<< !
>>Mein Mensch des Jahres 2005<< !
>>Mein Mensch des Jahres 2006<< !

>>Mein Mensch des Jahres 2007<< !

Wie sehnlichst gewünscht hatte ich mir vor 1½ Jahren, wenigstens noch das Weihnachtsfest 2006 erreichen und mit Dir erleben zu dürfen. Ich durfte und bin dafür sehr dankbar.

Nun ist es schon

mein *sechstes* Weihnachten,
an dem ich ganz intensiv an Dich denke,

unser *fünftes*,
das wir zusammen inniglich feiern,

unser *viertes*,
seit dem wir zusammen in einem Haus wohnen,

unser *drittes*,
seit dem wir zusammen in einer Wohnung wohnen,

unser *zweites* unerwartetes Weihnachtsfest
nach Entdeckung meiner Krebsmetastasen,
aber auch mein zweites mit Dir als angetraute Ehefrau,

und

mein *erstes* Weihnachtsfest, an dem ich alle Krebs-
prognosen, die man mir gegenüber abgegeben hat,
überlebt habe.

Seit dem letzten Weihnachtsfest hat sich etwas Gravierendes geändert: Jedes Weihnachtsfest ist für mich ein Fest der Wiedergeburt geworden, seit dieser Zeit hat für mich eine neue Zeit-
rechnung begonnen.

In der verbleibenden Zeit war ich nicht untätig, aber auch nicht immer so erfolgreich, wie ich es gerne gewesen wäre. Dennoch hoffe ich, dass meine persönliche Entwicklung weiter fortschreitet.

Vieles, was ich mir vorgenommen habe, ist noch auf der Strecke
geblieben, manches muss noch bearbeitet werden: Grund genug,
um noch lange mit Dir, Gabi, leben zu dürfen.

Um auf meinen ersten Brief 2002 zurückzukommen: Es blieb nicht
nur bei einem besonderen, einmaligen und erregenden Erlebnis,
es blieb auch nicht bei der bedauerten Kürze, nein, es steigerte
sich stets auf etwas für mich zuvor so nie Vorstellbares: Ständig
einmalig, äußerst erregend, immer während, scheinbar unbe-
grenzt: Das ist das Erregende, das Einmalige unserer Beziehung,
dass sie aus ihrer Einmaligkeit gar nicht mehr herauskommt! – Wie
wahr und wie wunderschön!

Meine Gefühlsspuren sind mittlerweile zu tiefen Furchen geworden, die das innere Antlitz ehrwürdig und mit Leben erfüllen lassen. – So erfüllt möchte ich immer sein und genauso aussehen.

Wer, wenn nicht Du, Gabi, hat die Sonne in mir scheinen lassen,
meine innere Gefühlswelt farbenprächtiger gemacht. Die Farben
unserer Träume haben mittlerweile unser reales Leben durch-
tränkt: Du hast Deine und ich meine große Liebe erfahren dürfen
und wir erfahren sie immer noch und haben uns zu einem wirklich

ansehnlichen Paar gemacht, um das wir uns selber beneiden könnten!

Wir sind zu dem Paar geworden, zu dem wir uns gemacht haben: Und lass uns nie aufhören, daran weiter zu arbeiten, noch liebevoller, lebendiger, nachhaltiger ...

Für die Wärme Deines Herzens, die ich all die letzten Jahre spüren durfte, Gabi, danke ich Dir von Herzen. Du bist meine beste Freundin, meine angetraute Frau, meine heißeste Geliebte und der Mensch, auf den ich am wenigsten verzichten will und kann.

Aus der Mondsichel ist mittlerweile ein strahlender Vollmond geworden, und wenn Du es nicht schon bemerkt hast: Eine strahlende Sonne!

Aus der dunklen Nacht ist ein strahlender Sonnentag geworden. Und diese strahlende Sonne bist Du für mich:

> Ich denke an Dich mit Kopf und Bauch.
> Ich begehre Dich mit meinem ganzen Körper!
> Ich liebe Dich von ganzem Herzen.

In diesem Sinne wünsche ich Dir
in großer Liebe
und mit unendlicher Dankbarkeit
ein friedvolles Weihnachtsfest
und ein weiteres glückliches
neue Jahr 2008,

(Ich liebe Dich so sehr ...)

Dein stephan

PS: Um meine Seele frei zu schreiben, habe ich zu Deinem Leidwesen eine Zeit lang, knapp 5 Monate von Mitte Juni bis Mitte November 2007 in Krebsforen des Internets publiziert. Alles, was mit Liebe und Zweisamkeit zu tun hatte, war und ist auf Dich, Gabi, allein gemünzt: Denn solch eine große vitale bezeugende und sich bewahrheitende Liebe hatte ich vor Dir in meinem ganzen Leben noch nicht erlebt!

In dem vorliegenden Manuskript versuche ich, aus der Sicht eines Krebspatienten mit äußerst schlechter Prognose (sprich: »ein paar Monate Lebenserwartung«) die Farben unseres verbleibenden Lebens aufleuchten zu lassen, zu beleben und zu beschreiben als eine Zeit, die, wie kurz sie auch sein mag, wunderschön war und allein durch unsere Liebe gerechtfertigt ist.

Dieses Manuskript: »Gras in Dünen – Tagebuch eines Überlebenden im Angesicht des Todes« ist allein Dir, Gabi, gewidmet!

Dezember 2007

Das oben genannte Manuskript ist als Band 1 dieser Reihe »Gras in den Dünen« erschienen: »Gras in den Dünen – Band 1 – Tagebuch eines Überlebenden im Angesicht des Todes«. ISBN 978-3-8391-2573-1

Affirmation

Ich akzeptiere
meinen Partner so,
wie er ist.

Ich werde
so akzeptiert,
wie ich bin.

Parzival-Frage
oder: Schweigen ist nicht immer Gold

Die »Parzival-Frage« :

Im Epos "Parzival" von Wolfram von Eschenbach versäumt es der junge Ritter Parzival, im Angesicht der Leiden des Gralskönigs Anfortas die Frage des Mitleids zu stellen. Parzival beweist damit, dass er für das Königtum des Grals noch nicht reif ist, verliert deshalb seine Ehre als Ritter und erhält erst viele Jahre später nach einem Reifeprozess erneut die Chance, die berühmte Parzival-Frage zu stellen:

>»Was fehlet Dir?«

Nicht das vornehme Schweigen, sondern erst diese gegen jede Etikette verstoßende Frage erlöst den Gralskönig Anfortas und läutet den Heilungsprozess ein.

Was bedeutet diese Frage für uns als Mensch allgemein und den Krebspatienten speziell?

Wir alle und der Krebskranke im Besonderen sind in gewisser Weise in der gleichen Situation wie der leidende Anfortas:

> Kranke und Betroffene,
> die auf Heilung warten
> und erlöst werden wollen.

Nichts belastet mehr, als nicht beachtet, verdrängt oder sogar als unpassend und peinlich angesehen zu werden. Nichts erlöst uns im Alltag mehr, als die offene Frage: »Was fehlt Dir ?«, wenn diese Fragestellung auch beinhaltet: »Wie fühlst Du Dich?« – »Wer oder was bist Du?« – »Was brauchst Du, was ich Dir geben kann?«

Nichts erlöst uns im Alltag mehr, als echte *Anteilnahme* !

Aber die Parzivalfrage bedeutet mehr:

Mut zum Fragen,
Mut zum Zuhören,
Mut zum »Schweigen beim Zuhören«,
Mut, keine Antwort zu geben,
    sondern weitere Fragen zu stellen.

Indem wir uns mit unserem Gegenüber wirklich auseinandersetzen, kommen wir zu einer Seelenhaltung tiefer und echter Anteilnahme und wirken damit heilend auf unser Gegenüber, auf unsere Umwelt und damit rückwirkend auf uns selber.

Fragen führen uns
aus Resignation,
aus Verzweiflung und Gleichgültigkeit,
weil Fragen helfen,
Interesse, Lebenslust
und echte Anteilnahme
(an uns, unserer Krankheit, am Menschen)
zu wecken.

Fragen erzeugen
Spannung
und neue Beziehungen.

Fragen öffnen
statt zu schließen.

Die echte »Parzival-Frage«,
die ja keine rhetorische Frage ist,
führt aber noch darüber hinaus:

In ihr äußert sich
die Selbstlosigkeit des Fragenden,
seine Anteilnahme
am Schicksal eines anderen Menschen.

Erst die vom Egoismus befreite
hohe Kunst des Fragens
hat die erlösende Kraft,
ruft (neue) Erkenntnis hervor
und führt den Fragenden
selbst auf eine höhere
heilende Entwicklungsstufe.

Solch eine Geisteshaltung
in unser praktisches Leben einfließen zu lassen,
heißt :

Mit einander wirklich menschlich umzugehen !

Affirmation

Ich bin mir jederzeit
meiner Verantwortung
anderen Menschen gegenüber
bewusst.

Von der Liebe
eines älteren Ehepaares

In der Zeitung lese ich, dass André Gorz (Sozialphilosoph, Mitarbeiter Sartres und Mitbegründer des Nachrichtenmagazins Le Nouvel Observateur) gestorben ist. Mit seiner schwer kranken 83-jährigen Frau Dorine wählte er den Freitod, nahm sich mit ihr gemeinsam das Leben.

In den 60-ziger Jahren heiratet André seine Frau Dorine. Beide durchlebten und trugen die sexuelle Revolution mit. Er schrieb Bücher, lehrte an der Universität, stand in der Öffentlichkeit. Beide lebten bis zu ihrem gemeinsamen Freitod als älteres Paar zurückgezogen in der Provinz Frankreichs: Nie wurde eine Beziehungskrise bekannt, nie waren Gorz' wirklich getrennt, immer fühlten sie sich zueinander hingezogen, füreinander bestimmt.

Ich erinnere mich an das letzte Interview mit dem Ehepaar André und Dorine Gorz. Als man die alte Dame fragte, warum ihre Ehe im Gegensatz zu ihren früheren Mitstreitern so dauerhaft sei, sagte sie, dass das Wichtigste für ihre Beziehung das vitale Verlangen sei, zu verspüren, dass diese Liebe so leidenschaftlich andauern möge, trotz aufkommender Schwierigkeiten, Konflikte und Veränderungen, die es in jeder Partnerschaft geben werde:

»Zu einem wirklichen Paar wird man erst, indem man sich dazu macht«, fügte sie damals hinzu.

Affirmation

Jede Zelle
meines Körpers
wird geliebt.

Von Luft und Liebe

Meiner Frau erzähle ich von dem kleinen Buch »Briefe an D.« von André Gorz, dieser Geschichte von einer außergewöhnlichen Liebe und der Begegnung mit einem alten, lange verheirateten Ehepaar: Während André Gorz die Liebe für ein bürgerliches Instrument hielt, das nur die Funktion habe, die Liebe unter soziale Kontrolle zu bringen, entgegnete seine Frau, sie wolle »den Pakt fürs Leben« schließen oder er »müsse sich von ihr trennen«. Damit war die Sache für sie und beide entschieden. – Sie waren bis zu ihrem Freitod verheiratet.

»Könnten *wir* sein!«, meint meine Frau daraufhin. – Das hätte sie gar nicht sagen müssen, deshalb erzähle ich es ihr ja! – Also fahre ich fort:

Als seine Frau Dorine 82 Jahre alt ist, so schreibt André Gorz in seinem Liebesbuch, bemerkt er, dass sie zwar nun sechs Zentimeter kleiner geworden ist, nur noch 45 Kilo wiegt, aber immer noch so schön, graziös und begehrenswert ist wie all die gemeinsamen Jahre zuvor ... Er liebt sie mehr denn je ... Kürzlich habe er sich (mit 83 Jahren) von neuem in sie verliebt, und wieder trage er in seiner Brust diese *zehrende Leere, die einzig die Wärme ihres Körpers an dem seinigen auszufüllen mag* ...

So beginnt das Buch von einem 84-jährigen, der seit fast 60 Jahren mit ein und derselben Frau verheiratet war.

So alt wie André Gorz bin ich zwar noch lange nicht (gerade mal so alt wie seine Ehe) und so viele gemeinsame Ehejahre werde ich wohl auch nicht mehr erleben dürfen, aber so zu fühlen wie er, das imponiert mir sehr, das will auch ich ... und freue ich mich riesig auf die nächsten 30 Jahre mit *meiner* Frau unabhängig davon, wie viel Lebenszeit mir Ärzte noch einzuräumen bereit sind.

Danke, André, für Deine wunderschönen Worte ...

Philemon und Baucis

Jeder kennt aus früherer Schulzeit die Geschichte von dem älteren Ehepaar Philemon und Baucis (griechisch Baukis) aus der griechischen Mythologie, die als einzige Menschenwesen die umherirrenden Götter aufnahmen.

Ovid beschreibt in den Metamorphosen (VIII, 611) den Besuch des verkleideten Göttervaters Zeus und seines Sohnes Hermes in einer Menschenstadt, in der nicht ein einziger den beiden Wanderern Einlass gewährt.

Allein das in einer ärmlichen Hütte am Stadtrand lebende ältere Ehepaar Philemon und seine Frau Baucis nehmen die beiden unerkannten Götter auf und bewirten sie mit allem, was sie haben. Erst durch einen Zufall erkennen sie die Götter und entschuldigen sich für das karge Mahl. Die Götter jedoch belohnen Philemon und Baucis für ihre Großzügigkeit und Gastfreundschaft, indem sie ihre Hütte in einen goldenen Tempel verwandeln und beide zu Priestern bestellen.

Weiterhin gewähren Göttervater Zeus und sein Sohn Hermes dem Paar immerwährende tiefe Liebe und Verbundenheit und erfüllen ihnen deren Wunsch, sich nie trennen zu müssen, sodass beide gleichzeitig sterben dürften; darum verwandeln die Götter sie am Ende ihres Lebens in zwei Bäume, Philemon in eine Eiche und Baucis in eine Linde.

Die Stadt mit den hartherzigen Menschen jedoch verwandelt Zeus in einen See.

Auch Ovid beschäftigt sich in herrlichen Versen mit dieser Liebesgeschichte des alten Paares Philemon und Baucis im altertümlichen mythischen Phrygien, wobei nicht einmal das Wort Liebe verwendet wird, wohl aber vorgelebt (erzählt) wird: Zwei Menschen, die sich lieben, zusammen alt werden und nur noch einen einzigen Wunsch haben, nämlich gleichzeitig sterben zu dürfen, so dass keiner vor dem anderen sterben und der jeweils andere am Grab des Gestorbenen stehen müsse.

Wer kennt nicht als Liebender diesen Wunsch?! – Da es in der Regel aber nicht so ist, müssen wir auch auf das Alleinsein vorbereitet sein, auch wir Krebspatienten, die wir immer meinen, vor dem Partner sterben zu dürfen!

Aufgepasst, das könnte eine Selbsttäuschung sein!

Umso mehr gilt es, das »Jetzt« zu genießen, so dass wir auch noch davon zehren können, wenn einer von uns Liebenden alleine übrig bleibt.

Denn wer liebt und Liebe erfahren hat, kann leichter weiterleben, überleben, neues Leben und seine Bestimmung finden.

Affirmation

Ich bin der strahlende Mittelpunkt für meinen Partner.

Alter und Schönheit

Mit meiner Frau sitze ich in einem typisch holländischen, mit Wintergarten (großen Glasflächen) ausgebauten, stilvoll und behaglich eingerichteten »Cafe und Restaurant« in dem Künstlerort Bergen (an der holländischen Nordsee). Alt und Jung lesen oder diskutieren hier, machen Pause oder sind wie wir dem kurzen Schauer entflohen. Wir genießen unseren Kaffee und die Menschen um uns herum. Schweigend beobachten wir das Treiben auf der Straße vor dem Cafe und nehmen jeden Gast wahr, der eintritt. Zuweilen schauen wir uns wortlos an, nicken oder zwinkern uns mit den Augen zu, in der Gewissheit, beide im Moment das Gleiche zu denken oder Ähnliches zu fühlen.

Uns beide interessieren Menschen mit lebendigen Gesichtern, wenn man ihnen Lebenserfahrung, Entwicklung und Reife ansehen kann: Manchmal tief zerfurcht, in der Regel aber mit einem milden, gelassenen Gesichtsausdruck, trotz Schicksalsfalten ohne Bitterkeit, aber stets mit wachen, offenen Augen. – Dann können auch Falten der Schönheit eines älteren Menschen nichts anhaben! – Sie strahlen Frieden, Gelassenheit und Erfüllung eines intensiv durchlebten Lebens aus.

Dann denke ich mir, dass auch ich trotz meines Krebses so gelassen altern möchte, solange ich altern darf, in jedem Fall möchte ich aber Frieden, Gelassenheit und Erfüllung eines intensiv durchlebten Lebens ausstrahlen.

Affirmation

Ich bin kraftvoll
und lebendig.

Angst

Im Gegensatz zur Furcht, die sich meist auf eine reale Bedrohung bezieht und damit als »gerichtete Angst« bezeichnet werden kann, ist »Angst« das Befürchten möglichen Leidens und somit eine Empfindungs- und Verhaltenssituation aus Ungewissheit und Anspannung, die durch eine eingetretene oder erwartete Bedrohung (z.B. Schmerz, Verlust, Tod) hervorgerufen wird.

Auch ich habe Angst vor Schmerzen oder siechendem Sterben.

Angstfrei aber werden wir wohl eher, wenn wir unsere Angst wahrnehmen und erkennen, anschauen und akzeptieren und damit unsere Angst auch größtenteils schon wieder verlieren.

Wir Krebskranken sind vom Tod gezeichnet, aber sterben müssen alle anderen auch. Dem Gesunden ist dies in der Regel nur noch nicht so bewusst, er steht noch in der Gnade der »Todes-Unberührtheit«.

Der Tod ist für den bewussten Krebspatienten stets gegenwärtig und niemals Feind, zumal der Leidende froh ist, wenn der Tod in den schwersten Stunden Gnade walten lässt!

Affirmation

Ich bedenke das Ende
und gebe mich vertrauensvoll
meinem Schicksal hin.

Angst vor dem Sterben

Wie die Geburt so gehört auch der Tod
zum Lebenszyklus,
und wie die Geburt so ist auch der Tod
schmerzhaft für alle Beteiligten,
und doch ist auch der Tod wie die Geburt
ein Eintritt in eine (hoffentlich) schöne neue Welt:

Ob Paradies oder Nirvana
(»Ein Aufgehen ins *Nichts*«),
ich denke,
der Tod wird in jedem Falle
Erlösung sein!

Für diese Gnade bete ich,
um diese Gnade bitte ich.

Deshalb wünsche ich mir den Tod
auch nicht zum Feind,
sondern als treuen Freund,
der noch lange an meiner Seite weilt,
aber dann zur richtigen Zeit
mich zu sich nimmt.

Jedes Siechtum wird dann ein
(hoffentlich schnelles) Ende haben.

Affirmation

Ich spüre das Urfeuer
und dessen Macht in mir.

Krebsvererbung mal anders gesehen

Bis vor kurzem ging ich jedes Quartal in die "Röhre" (Computer-Tomographie), anschließend wurde mein Körper nach Merkmalen des sich eventuell zeigenden Merkelzellkrebses, dessen Metastasen man bei mir vor 1½ Jahren gefunden hatte, abgesucht, Blutuntersuchungen in mannigfaltiger Ausfertigung eingeschlossen! – Bisher hatte ich Glück: Man fand nichts Außergewöhnliches außer erhöhter Schilddrüsenwerte (Was durchaus die Folge einer mit hoher Dosis durchgeführten, langen Bestrahlung sein kann, und auch die ständigen Röntgenstrahlen des CT's haben ihre Wirkung!).

In den letzten beiden Tagen fand nun die halbjährliche Untersuchung wieder statt: Kaum zu glauben, nichts gefunden! – Aufatmen – Erleichterung!

Da meine Eltern seit 20 Jahren Darmkrebs haben, meiner Mutter ein Teil des Darms entfernt wurde, mein Vater zusätzlich noch Prostata-Krebs hat, regte ich eine Darmspiegelung an. "In Anbetracht Ihres Alters, Ihrer eigenen und familiären Vorgeschichte und mit Ihrer schlechten Prognose ist das auch unbedingt notwendig", meinte der untersuchende Arzt.

"Das sehe ich auch so, nur bezüglich der schlechten Prognose bin ich anderer Meinung!", erwiderte ich. "Meine Eltern leben geistig und den Umständen entsprechend körperlich sehr fit, seit nunmehr 20 Jahren mit und/oder trotz ihrer Krebserkrankung. Heute sind sie über 90 Jahre alt, und ich hoffe, dass ich ihre widerstandsfähigen Gene geerbt habe."

"So kann man's auch sehen!", meinte der Arzt. – "Ja, so sollte man es sehen!", denke ich mir, "Warum nicht die positive Seite der Medaille!".

Schuld für etwas, das man nicht begangen hat!

»Schuld« löst bei vielen Menschen Unbehagen oder Gereiztheit aus. – Warum? – »Schuld« gibt es in vielen Variationen. Sich mit »Schuld« *nicht* auseinanderzusetzen heißt aber *nicht:* »unschuldig zu sein«, sondern genau das Gegenteil: »sich mitschuldig zu machen«. Dazu ein »Schuld«-Erlebnis aus ganz anderem Bereich:

Während unseres Kurzurlaubes an der holländischen Nordseeküste sitzen meine Frau und ich an einem großen Tisch in einem der typischen holländischen Zeitungs-Cafés. Wir lesen unsere Zeitungen, kommen mit jungen Niederländern ins Gespräch, sprechen über »Gott und die Welt«, natürlich auch über die unglückselige deutsche Vergangenheit.

"Sie sind doch nach dem Krieg geboren. Wie kann man sich für etwas schuldig fühlen, was man selber nicht begangen hat?!", werde ich gefragt.

Nun, ich fühle mich nicht als Täter, nicht persönlich schuldig, zumal mein Großvater als Bürgermeister und Politiker der »Deutschen Zentrumspartei« (Repräsentant des politischen Katholizismus) am Ende des Krieges von der SA als Gegner der NSDAP ausgemacht, angefallen und anschließend in Schutzhaft genommen und ins KZ weitertransportiert wurde. – Doch es gibt auch eine Kollektiv-Schuld und viele Deutsche sind in diesen Bereichen mittlerweile differenzierter und sensibler geworden.

Wir alle finden es rechtens, wenn jemand, der erbt, auch alle Schulden des Erblassers übernehmen muss. Es kann nicht sein, dass der Gläubiger als Geschädigter leer ausgeht, während der Erbe nur den Vorteil abschöpft. – Um wie viel mehr gilt dieses Prinzip, wenn sich ein ganzes Volk, eine ganze Volkswirtschaft über Mord und Ausrottung (Konzentrationslager) das Eigentum oder durch Zwangsarbeit die Leistung vieler hunderttausend

Menschen einverleibt hat und auch dadurch heute als einer der reichsten Volkswirtschaften aller Nationen dasteht.

Wenn wir das Erbe unserer Eltern bzw. Vorfahren antreten, und das tun wir, indem wir uns »Deutsche« nennen und die Annehmlichkeiten Deutschlands mit den Rechten eines Deutschen in Anspruch nehmen, dann müssten wir doch auch für die Pflichten und Schulden eben dieses Volkes aufkommen oder auswandern und andere Staatsbürgerschaften annehmen, auf denen keine oder andere Schulden lasten.

So fühle ich mich sehr wohl »*schuldig*«, ohne mich aber persönlich schuldig gemacht zu haben, für die Verbrechen, die im Namen Deutschlands begangen worden sind, und das, solange noch ein direkter Bezug zu diesen Verbrechen hergestellt werden kann: Die Geschädigten leben teilweise noch, ihre Kinder haben unter der Schädigung ihrer Eltern selber furchtbar leiden müssen. – Warum unser reiches Deutschland für den angerichteten Schaden nicht in angemessener Weise aufgekommen ist und noch aufkommt, obwohl es dies finanziell leisten könnte, ist mir bis heute ein Rätsel.

Sich mit Schuld auseinanderzusetzen macht allerdings auch frei. Ich brauche mich nicht mehr wehren, nicht unnötig und ungerecht verteidigen, sondern kann jetzt auch auf Ungerechtigkeiten anderer Völker oder Gruppen hinweisen und von ihnen die gleiche Toleranz abverlangen, die sie von mir erwarten: z.B. von einem Land, dessen Regierung seine eigenen Gesetze nicht beachtet, anderen Ländern aber Vorschriften glaubt machen zu dürfen, oder von Menschen, die sich als »auserwähltes Volk« sehen (Wie müssen sich dann die anderen Völker fühlen?), oder von einer Kirche, die sich für die »einzig wahre Kirche« hält (Wie müssen sich dann andere Kirchen fühlen?) oder von Gläubigen, die sich als die »einzig wahren Gläubigen« und alle anderen als Ungläubige ansehen. Welche Folgen aus solchem Denken entstehen, können wir nicht nur bei der Rückschau in unsere eigene Vergangenheit sehen, sondern erfahren dies täglich in den Nachrichten.

Andererseits gibt es aber auch noch eine soziale Schuld, aus der heraus wir uns um die kümmern (müssen), die nicht mit unserem »Sozialgefüge« zurechtkommen.

Nach der Diskussion auch über die Fehler der niederländischen Kolonialpolitik vergangener Jahre landen wir beim »*Jetzt*«:

»Sich schuldig zu fühlen« hat viele Facetten, bietet aber auch die Möglichkeit, etwas (überhaupt und besser!) zu verarbeiten.

»Sich schuldig zu fühlen« muss nicht heißen, sich gedrückt oder bedrückt oder gedemütigt zu fühlen, sondern signalisiert vielmehr Stärke, zu dem zu stehen, was man für »*richtig*« hält, oder das zu verändern, was man für »*falsch*« hält.

»Sich *Schuld* bewusst zu machen«, kann durchaus der erste Schritt sein, mit »Schuld« verantwortungsvoll umzugehen, frei zu werden und aufrecht durchs Leben zu gehen, denn »Vergangenes zu bewältigen oder bewältigt zu haben«, heißt, im »Jetzt« angekommen zu sein.

Und im »Jetzt« verantwortungsvoll zu leben, darauf kommt es doch an ... erst recht für alle diejenigen, die ein schwerer Schicksalsschlag getroffen hat ...

»Was dieses Thema mit *Schicksalsschlägen* und/oder *Krebs* zu tun hat?«, mag jeder für sich selbst beantworten und mit sich selbst ausmachen ...

Affirmation

Ich lasse Altes los
und gewinne Neues.

Reich ist man, wenn man sich so fühlt

Morgens lese ich in der Zeitung: »Nettolöhne so niedrig wie 1986«

Damals als 36-jähriger hatte ich fast doppelt so viel verdient wie heute, aber auch fast alles wieder verloren ... – Heute allerdings erlaube ich mir mehr, z.B. Freizeit, und fühle mich reicher als je zuvor.

Einmal im Leben richtig abgebrannt, lebt es sich unbeschwerter, weil bewusster und intensiver, noch verstärkt durch die Zwänge meiner Krebskrankheit.

Was anfangs wie eine Hiobsbotschaft aussieht, stellt sich im Nachhinein oft als letzter Wink des Schicksals heraus, den man für sich nutzen kann, wenn noch Zeit dafür ist.

Ich persönlich habe meine Schicksalsschläge nicht immer ernst genug genommen, mich nicht weit und nachhaltig genug verändert, wie ich mich hätte verändern können oder sogar müssen. Erst mein Krebs hat mich so wach gerüttelt, dass ich diesmal nötige Veränderungen nicht übersehen kann und darf: Und trotzdem fallen mir manche Veränderungen immer noch sehr schwer ...

Übrigens: Man ist reich, wenn man sich reich fühlt! – So einfach ist es, reich zu werden und zu sein ...

Affirmation

Ich bin reich.

Apropos Reichtum

Ich erinnere mich an eine Situation vor Jahren, als meine Frau noch nicht bei mir wohnte, wohl aber täglich vorbeischaute und nur an den Wochenenden mit ihren "Kleinsten" bei mir wohnte.

Während ich am Schreibtisch arbeitete, hörte ich im Esszimmer ihren Jüngsten (damals gerade mal 5 Jahre alt) fragen: "Mama, Stephan ist doch reich?!" – "Aber nein, Stephan muss doch hart arbeiten für das Geld, das er verdient!" und man merkte ihrer Stimme an, dass ihr diese Fragestellung gar nicht gefiel. – "Aber er ist doch reich, weil er uns hat", widersprach der kleine Knirps und meinte damit seine drei Geschwister samt Mutter.

Heute ist dieser Ausspruch für uns ein geflügeltes Wort, wenn's mal nicht so gut zu laufen scheint, und schon fühlen wir uns tatsächlich wieder reich, aber richtig reich!

Wie recht der kleine Knirps hat!

Affirmation

Ich tue erfolgreich
genau das Richtige.

Haus- und Wundermittel

In unserem Kurzurlaub an der holländischen Nordsee laufen wir jeden Tag 10 bis 20 km am Strand entlang. – Da bleiben dicke Blasen an den Füßen in den ersten Tagen nicht aus.

Dann wende ich gern ein altes Hausrezept, ein Wundermittel an: Auf volle Blasen Kräuterschnaps, auf offene Blasen ganz normale getrocknete Rosinen! – Man glaubt es kaum: Es wirkt Wunder!

Da man in Holland kaum Kräuterschnaps erstehen kann (zumindest nicht in Küstenörtchen), kaufe ich ganz normale (geschwefelte) Rosinen, schneide sie auf und klebe sie mit der weichen Seite mit einem großen Pflaster auf die Blasen:

1. Sofort kann man wieder (mit den gleichen Schuhen!!!) laufen, da der »Verband« wie ein Airbag wirkt.

2. Wie durch ein Wunder verschwinden in kürzester Zeit die Blasen, vollständig und ohne Schmerzen.

Ach, wenn es doch auch so einfache Haus- und Wundermittel gegen den Krebs und andere Schicksalsschläge gäbe ... – Gibt es, man muss sie nur wahrnehmen und erkennen!

Affirmation

Mein Körper weiß,
was Gesundheit bedeutet
und führt dies durch.

Meine Füße

Seitdem bei mir Metastasen des kleinzelligen, aggressiven Merkelzellkarzinoms im Lymphknoten nachgewiesen worden sind, hat sich in meinem Leben viel geändert: Eine Welt stürzte zusammen, eine andere wurde neu erschaffen ...

Seitdem höre ich mehr auf meine innere Stimme, mehr in mich hinein, schenke meinen Gefühlen, aber auch meinem Körper mehr Aufmerksamkeit.

Meine Beine und Füße z.B. haben mich ein ganzes Leben lang sehr zuverlässig in guten wie in schlechten Zeiten getragen und tun es immer noch: Jetzt, leider jetzt erst fange ich an, dafür dankbar zu sein und mich zu bedanken: Unter anderem lasse ich meinen Füßen jeden Monat eine außerordentliche Fußpflege inklusive Fußmassage zukommen.

Nie hatte ich so gepflegte Füße wie heute. – Und das nicht aus Eitelkeit, sondern aus Dank.

Was bei mir noch gesund ist, will ich auch gesund erhalten. – All dessen war ich mir zuvor nie so bewusst, nie so dankbar ...

Affirmation

Ich liebe
meinen Körper.

Wenn Du nachts nicht schlafen kannst

Wenn Du nachts nicht schlafen kannst,
empfehle ich Dir einen schönen Brauch,
den die Bewohner der Kanarischen Inseln
zu Silvester pflegen:

Wenn die Kirchturmglocken die Jahreswende einläuten,
isst man mit jedem Glockenschlag eine Weintraube.
Man hat dabei zwölf Wünsche frei,
die dann – so sagt man – in Erfüllung gehen.

Bereite Dich gut auf jeden Glockenschlag vor,
formuliere Deine Wünsche kurz und präzise,
damit Du sie während jeden Glockenschlages
auch aufsagen kannst,
gestaffelt nach der Wertig- und Wichtigkeit:

Als ersten Wunsch den dringlichsten, usw.

Du wirst sehen:

> - Es ist gar nicht so einfach,
>   wichtige von nicht so wichtigen
>   Wünschen
>   zu unterscheiden.

> - Welcher ist mein wichtigster Wunsch ?

> - Ist das wirklich
>   ein wichtiger Wunsch
>   von mir ?

Vor lauter Nachdenken
kann es Dir passieren,

dass die Kirchenglocke
längst geschlagen hat …

… und kein Wunsch so wichtig war,
als dass er genannt werden musste.

Dann war Dir *nichts* so wichtig
wie allein Dein Überlegen,
Dein Nachdenken,
Deine Wahrnehmung von Wichtig- und Unwichtigkeit,
Dein eigenes Sein,
Dein Dasein.

Auf einmal merkst Du
eine innere Zufriedenheit,
dass *nichts* so wichtig ist,
wie der innere Frieden,
die Harmonie mit sich und der Welt.

Dann lebst Du wirklich,
bist in der Welt angekommen
und wirst ruhig schlafen …

…   wenn Du nicht
        schon längst
        eingeschlafen bist!

Affirmation

Ich atme tief,
ruhig und entspannt.

Vertrauen in sein Schicksal

Wir schauen in die Natur und wer die Natur liebt, belässt sie so, wie sie ist: Sie ist so besser, als wenn wir uns einmischen! Nur, wenn wir uns schon eingemischt haben – und das haben wir! –, müssen wir versuchen, unsere Fehler, wenn möglich, wieder rückgängig zu machen!

Ich glaube, das hat mittlerweile jeder begriffen.

Die Natur ist wunderschön und zugleich absurd grausam:

Das blühende Leben auf der einen Seite, das Sterben auf der anderen Seite: »Fressen und gefressen werden«, würden die Pessimisten sagen, und sie haben noch nicht einmal Unrecht.

Auch wir leben, indem wir andere Organismen verzehren, ob Pflanzen oder Tiere: Wir brauchen zum *Leben* »Kost vom Lebendigen«, sonst sterben wir, daran kann keiner etwas ändern. Jede Frucht, die wir essen, würde lieber selber gerne Früchte tragen, jedes Tier, das wir zu unserer Nahrung zerlegen, hätte lieber selber gerne länger gelebt: Was steht uns Menschen zu, uns über alle anderen Lebewesen zu erheben?!

Auch wir sind Teil und abhängig von der Schöpfung, haben unsere Aufgabe, ob bewusst oder unbewusst, diesen Weltorganismus am Leben zu erhalten.

Die Frucht, die gegessen wird, weiß nicht, warum sie keine Früchte tragen darf wie andere, die wiederum wachsen dürfen, sondern wird ungefragt in unserem Magen durch Magensäure zerlegt, muss vorzeitig sterben! Und doch erfüllt sie einen weitreichenden Auftrag: Sie erhält uns am Leben. – Nur: *Wen* oder *Was* müssen wir außer uns selbst am Leben erhalten?!

Wir Menschen wissen schon viel, aber nicht genug, um auf alle Fragen eine Antwort geben zu können. Wenn wir dann noch selber »Opfer« irgendeines Gesamtvorganges werden, sind wir noch weniger bereit und fähig, den größeren Sinn dahinter wahrnehmen zu können und zu wollen.

Unzufriedenheit und Unvollkommenheit können keine göttlichen Eigenschaften sein. Einen allmächtigen Gott kann ich mir weder unzufrieden noch unvollkommen vorstellen. Also muss Gottes Werk vollkommen und er mit seinem Werk zufrieden sein: Sein Werk beruht auf sich, es sollte und kann sich alles (selber) richten!

Mir bleibt nur unbändiges Vertrauen in seine Schöpfung, ein »bewusstes Hingeben in mein Schicksal«, in der Gewissheit, dass alles seinen Sinn hat ... und mit »tiefem Vertrauen in die göttliche Schöpfung und Fügung« komme ich wohl Gott näher, als wenn ich zweifelte ..., denn auch Zweifel ist keine göttliche Eigenschaft. – Ob *Vertrauen* in sein Schicksal oder *Vertrauen* in die göttliche Schöpfung, allein wichtig ist: *Vertrauen zu haben!*

Was nutzt der Glaube an Gott ohne das Vertrauen zu ihm. Was nutzt mir die Liebe eines Menschen, wenn er aber kein Vertrauen zu mir hat.

Glaube und Vertrauen an und in die Schöpfung und damit in sein Schicksal, ob man nun an Gott glaubt oder nicht, wirkt sich in jedem Fall positiver auf das menschliche Gemüt aus als Zweifel: Man ist befreiter, ungezwungener, kann sich mehr den verbleibenden schönen Dingen des Lebens (der Schöpfung) widmen und hingeben ...

Affirmation

Ich bin stets Sender froher Gedanken.

Antwort auf eine Userin, die über ihren Liebeskummer in einem Krebsforum schreibt und mit Selbstmord droht.

Spiel mir das Lied vom Tod

Hier im Krebsforum finden sich krebskranke Menschen oder deren Angehörige, die eins gemeinsam haben: Wir sind alle in Sorge, wir wollen leben oder müssen zusehen, wie ein Leben durch Krebs zu früh zu Ende geht! – In einem Forum für Krebskranke finden sich natürlich auch gern Menschen mit anderen großen (und auch berechtigten) Sorgen ein, weil sie hier davon ausgehen können, dass Betroffene auch betroffen reagieren. Viele Menschen entwickeln erst durch einen Schicksalsschlag große Betroffenheit und Sensibilität für sich und andere, sehr wohl eine große Chance. Allerdings gibt es zu manchen Sorgen einen großen Unterschied:

Fast alle Menschen in diesem Forum wollen leben oder versuchen, in Würde weiterzuleben oder nach dem Tod eines Angehörigen den Verlustschmerz zu überleben ... oder in Würde und ohne physische Schmerzen zu sterben.

»Spiel mir das Lied vom Tod« ist in diesem Forum wohl fehl am Platz! – Und dennoch: Wer noch sein (und ein) Leben hat, nicht aber weiterleben will oder mit seinem Leben spielt, der kann hier lernen:

Mit einem gesunden Leben zu spielen, das man noch hat, ist für einen todgeweihten Krebskranken gänzlich unverständlich, da er mit Beginn seiner Krankheit noch stärker als jemals zuvor begriffen hat, wie viel ein heiles Leben, wie viel das *gesunde Leben* wert ist.

Affirmation

Ich bin strahlende Lebenskraft.

»Was hast Du gegen Deinen Krebs getan?«

Auf diese mir in einem Internet-Krebs-Forum gestellte Frage, antwortete ich:

Alle Menschen tragen ja nun Krebszellen in sich, nur wir Befallenen, bei denen ein Tumor oder noch schlimmer Metastasen festgestellt worden sind, können die zerstörerischen Kräfte des Krebses nicht mehr leugnen. Menschen mit bösartigem Krebs können nie ganz sicher sein, ganz geheilt zu werden oder zu sein. Bei vielen kehrt der Krebs in irgendeiner anderen Form wieder zurück.

Ich denke, indem ich mich darauf einstelle, dass der Krebs zu mir gehört wie alle anderen Zellen auch, wird es leichter, ihn zu ertragen: Akzeptanz heißt aber nicht, sich ihm wehrlos hinzugeben und sich durch ihn umbringen zu lassen!

Wer glaubt, Medikamente, Chemo oder Bestrahlung alleine helfen, den Krebs zu besiegen, verhält sich so, als wenn jemand seinen Wagen zwar stets reparieren lässt, aber auf die richtige Spritzufuhr, Öl und geeignete Wegstrecken usw. nicht achtet.

> Der Mensch ist, was er isst!
> Der Mensch ist, was er denkt!
> Der Mensch ist, was er tut!

Ignoranz, Wegschauen oder Nicht-Wahr-Haben-Wollen hat noch nie und niemandem geholfen! Ich denke, alle drei Stützen der Gesundheit wie Körper, Seele und Geist müssen bedient werden:

> Richtige Medikamente und Therapien, wie auch richtige Ernährung, ausreichender Schlaf, keine Drogen (wie z.B. Nikotin), körperliche Fitness für den Körper, Stressabbau für Körper und Seele, gute Freunde und Gespräche für das Gemüt, Spiritualität für die Seele.

Man gab mir im April 2006 noch drei, vielleicht sechs Monate Lebenszeit, aber nicht mehr als ein Jahr.

Ja, ich habe mein Leben umgekrempelt, bin noch dabei, aber in Maßen, ohne Stress, so viel ich kann und mir gut tut. So leiste ich meinen Beitrag, das Zünglein an der Waage zu sein, meine körperlichen »Defekte« zum Positiven hin zu wenden: Meine Restlebenslaufzeit-Prognose von maximal einem Jahr habe ich erst einmal überlebt, fühle mich sehr gut und wohl! Je mehr ich zu verändern schaffe, innen wie außen, umso zufriedener und glücklicher bin ich! Da kommt manch ein Gesunder nicht mit!

Also kann Krebs auch durchaus eine Chance sein, nachhaltige Veränderungen in seinem Leben durchzuführen, die man sonst wohl nie angegangen und geschafft hätte.

So ist der Krebs für mich eine wirkliche Chance, Veränderungsprozesse, welcher Art auch immer, auf den Weg zu bringen.

Und solange ich mich verändere, nehme ich mir das Recht, zu leben und das, was mir bleibt, zu genießen: Das sage ich auch meinem Krebs! – Bis heute hat er sich daran gehalten!

Ich hoffe, Du kannst mit meiner Antwort etwas anfangen. – Immerhin, ich lebe noch trotz anderslautender Prognosen.

Alles Gute

und herzlich,

stephan

Affirmation

Grenzenlose Energie
strömt durch meinen Körper.

Mein Abschiedsbrief in einem Krebs-Internet-Forum an die Leser meines Threads: »Krebs als Chance«, das innerhalb von drei Monaten, in denen ich dort fast täglich Tagebuch führte, mehr als 10.000 mal angeklickt wurde.

November 2007

Liebe Leser meines Threads »Krebs als Chance«,

eigentlich wollte ich mit Schaffung dieses Threads »Krebs als Chance« in diesem Krebsforum nur »*meine Seele freischreiben*«. In den drei Monaten, in denen ich hier in drei Threads mein Tagebuch führte, bin ich insgesamt über 10 000 Mal angeklickt, aber anfangs auch heftig angegriffen worden.

Ich erinnere mich an einen meiner ersten, heftig umstrittenen Beiträge über Krebs. Ich denke zurück an meinen Einstieg in dieses Forum im Juni dieses Jahres: Nach einem überstandenen Krebs-Jahr (in dem die Schulmedizin mich schon aufgegeben hatte) wollte ich hier meine Erkenntnisse und Gedanken als betroffener Todeskandidat äußern. Mein Beitrag »Ursache von Krebs« war der besondere Anlass, mich teilweise sehr hart anzugehen.

Meine Texte wurden auseinandergepflückt und zerrissen: Wut und Betroffenheit waren meine erste Reaktion.

Hier mein satirischer Beitrag dazu:

Die Heuschreckenplage

Sie ziehen von Thread zu Thread, meist sehr anonym, um ja nicht aufzufallen. Ihr Profil ist meist NICHTS sagend, sie wollen anonym bleiben, denn sie fürchten, erkannt zu werden!

Diese Art Heuschrecken tragen selber zu den verschiedenen Themen nicht viel bei, sie fühlen sich auch nicht dazu berufen, eine Sache weiterzubringen, sondern dazu berufen, alles Grüne (= Andersartige) wegzufressen, z.B. durch rhetorische Fragen, die sie für sich schon lange selbst beantwortet haben!

Sie suchen den Zwist, um ihn dann öffentlich auszutragen! Sie lieben das Stochern, das Sticheln! Sie spielen sich als Schiedsrichter und Moralapostel auf, um ihre eigenen (Wert-)Vorstellungen sogar bis in die Schriftgröße und –farbe hinein anderen aufdrängen zu wollen, immer unter dem Deckmäntelchen der anonymen Heuschrecke, der leisen Töne, der ach so guten Absicht, die sie doch hegten!

Ihre eigenen Unzulänglichkeiten und Unfähigkeiten suchen sie bei anderen aufzuspüren, aufzudecken, am besten noch zu benoten! – Unter dem Deckmantel, andere schützen zu wollen, sich doch nur für das Wohl der »Guten Sache« einzusetzen, schlagen sie los, sehr persönlich, in angeblich leisen (anonymen) Tönen, aber in ihren Aussagen drastisch und unerbittlich: Immer wieder, krankhaft, fresssüchtig, bis kein GRÜN mehr da ist. Erst dann ist diese Art Heuschrecke SATT, beruhigt und hebt mit ihrer Gattung ab zum nächsten Thread!

Hoffentlich seid IHR nun gesättigt, liebe Heuschrecken, damit der KREBS wieder als CHANCE erkannt werden kann, sich nicht zu streiten, und wir nicht Opfer Eurer Fresssucht werden!

Mit Heuschrecken-Fabel wollte ich mir Luft machen und erreichte genau das Gegenteil: Noch mehr Unfrieden.

Als dann eine Userin meinte, dass ich vielleicht doch noch weit entfernt von der Gelassenheit und dem positiven Denken sei, dass ich vermitteln möchte, und dieser Umstand vielleicht sogar gut sei, denn dann hätte ich noch ganz viele Ansatzpunkte, um weiter zu kämpfen und weiter zu kommen, da wurde mir klar:

Sie hatte ja so Recht: Gelassenheit sieht anders aus. Allerdings sind viele Dinge, die man beherzigen sollte und will und über die man spricht (und sprechen muss), nicht einfach umzusetzen. Wer will da den ersten Stein werfen?

Aber wer hält das immer durch? (Siehe auch Raucher, Überge-
wichtige, Stressgeplagte, usw.). – Einfache Dinge sind eben ganz
schön schwer umzusetzen.

Meine Beiträge habe ich daraufhin in dem von mir eröffneten
Thread gelöscht und die weitere Diskussion anderen Teilnehmern
überlassen.

Einige an mich später gerichtete Beiträge haben mich allerdings
dazu bewogen, doch wieder das Schreiben aufzunehmen.

Es meldeten sich Gleichgesinnte, die mir schrieben, dass meine
Worte nicht ungehört verhallten, dass sie immer noch genauso
davon überzeugt wären, dass *wir* unseren Weg bestimmen mit
unseren Gedanken und Gefühlen und Wünschen ...

Eine Userin wurde konkreter: Nur so viel und ganz konkret,
schrieb sie, auch ihr Mann habe seine Krebsprognose überlebt,
und mehr noch, er habe ganz Neues für sich gefunden. Es seien
Dinge passiert, die sie ihm nie zugetraut habe. Spiritualität sei bisher ein Fremdwort für ihn gewesen, hätte in seinem aber auch ihrem Alltag nie Platz gehabt. Heute dagegen seien sie auf dem richtigen Weg, aber vielleicht könne man diesen Weg auch nur so mu-
tig beschreiten, wenn man die Erfahrung, beinahe gestorben zu
sein, hinter sich habe ...

Wie viele Bücher und Vorträge von Horst-Eberhard Richter
brauchte es, schrieb sie weiter, bis auch der letzte Provinzarzt im
Ansatz kapiert habe, dass es noch was anderes gäbe als lesbare
Ergebnisse aus dem Labor. Auch die jüngsten Forschungen rund
um den Krebs bräuchten ihre Zeit, vor allem dann, wenn die Ergebnisse nicht in das klassische schulmedizinische Denken passten
... und schlimmer noch: wenn diese Ergebnisse die Pharmaindus-
trie ankratzten.

Dann forderte diese Userin mich auf, weiter meine Gedanken aufzuschreiben – sie lese jeden Tag mit.

Durch solche Anteilnahme beflügelt entstanden meine letzten drei Threads: »Krebs als Chance«, dann »Herzenswünsche« und später noch »Briefe eines Krebspatienten«.

Und ich habe aus meinen ersten Erfahrungen gelernt, bin tatsächlich leiser und vorsichtiger geworden, lasse mich nicht mehr auf Streitgespräche ein.

Gott sei Dank haben aber positive Zuschriften die aggressiven bei weitem übertroffen! Es tat mir gut, zu wissen, dass ich mit meinen Beiträgen auch »anderen etwas Gutes tun« kann.

Alles, was wir hier schreiben, dient letztendlich erst einmal uns selbst: Gerade wir Krebspatienten und Angehörige von Krebspatienten sollten unsere Seele frei schreiben! Dieses Forum ist eine Möglichkeit, wenn es darum geht, in Harmonie miteinander und nicht, wie oft geschehen, gegeneinander zu agieren. Wenn das hier Geschriebene dann noch anderen hilft, sich hier »aufgehoben« zu fühlen oder dazu führt, dass man seine Probleme besser sehen und artikulieren kann, dann ist viel erreicht und macht alle glücklich!

Dabei möchte ich immer wieder betonen: Meine Beiträge sind meine Sichtweise und eine von vielen möglichen, aber eine für mich mit Sicherheit am wenigsten Stress und Unwohlsein verursachende Sichtweise, mit dem Ziel, aus dem Krebsschaden sogar noch Positives heraus zu ziehen, nämlich: Demut, Dankbarkeit, innere Ausgeglichenheit, Güte, Liebe, Hilfsbereitschaft, Freude, Glück, Weisheit und Verständnis.

Viel mehr Sorgen macht mir mittlerweile eine andere Krankheit: Die »*Internet-Sucht*«. Was anfänglich so angenehm ist, kann sich bei übermäßigem Gebrauch zur Sucht entwickeln. Und Sucht kommt nicht von suchen, sondern von Siechtum = Krankheit.

In ihrer Symptomatik können zwar die Grenzen nicht klar definiert werden und sind eher fließend, aber Mangelerscheinungen an Leib und Seele oder unkontrolliertes Surfen im Internet können z.B. ein Indikator sein. Weitere sind:

- *das stetige unüberwindliche Verlangen, sich ins Internet einzuloggen,*

- *Verlust der Kontrolle über seine Online-Zeiten, d.h. man bleibt länger „online", als man sich vorgenommen hatte,*

- *sozial störende Abwesenheit im engsten Kreis der Bezugspersonen, wie Freunde, Partner und Familie, daraus resultierende häufige Beschwerden durch eben diese unmittelbaren Bezugspersonen,*

- *häufige nachlassende Arbeitsleistung,*

- *Verheimlichung und Verharmlosung der Netz-Aktivitäten vor der Umwelt,*

- *Nervosität, Aggressivität oder Depression in dem Fall, wenn der Internet-Gebrauch verhindert wird,*

- *weitere fehlgeschlagene Versuche, den Internet-Gebrauch einzuschränken,*

Leider musste ich bei mir einige der oben beschriebenen Symptome feststellen, deswegen habe ich mir eine Pause auferlegt, um wieder unabhängig vom täglichen Klick ins Forum zu werden, der immer viel länger angedauert hat, als ich mir vorgenommen habe.

Nach »meinem Entzug« komme ich vielleicht gestärkt, kontrollierter, aber auch seltener und mit länger einzulegenden Pausen zurück, denn wichtig ist, das wirkliche, reale Leben in den Griff zu bekommen! Und ich denke, es lohnt sich, wenn man denn daran arbeitet – auch und gerade als Krebspatient! Schließlich ist eine lebensbedrohende Krankheit kein Freifahrtschein für unsoziales, unkontrolliertes, Partnerschaft zerstörendes Verhalten.

Vielleicht erkennt sich ja der/die eine oder andere in diesem Beitrag wieder und überlegt sich auch mal eine »Fastenpause«, um die wirklich wichtigen Beziehungen im realen Leben um uns herum nicht zu vernachlässigen und intensiver pflegen zu können: Reale Beziehungen sind und bleiben lebenswichtiger als virtuelle Beziehungen hier im Netz!

Das ist der Nachteil der modernen Kommunikationsmittel: Früher fragte man »Wie geht's Dir?« oder »Was machst Du?« oder »Mit wem hast du heute noch so Kontakt« oder schaut sich gemeinsam Fotos an, über die man spricht, lacht oder lästert. – Heute dagegen schaut man sich dessen Profil an, erfährt auf seiner Homepage, wie es ihm geht, sieht sich dort die neuesten Fotos an und erfährt durch die verschiedensten Netzwerke, welche Freunde er hat und wie und wo er mit wem zusammen ist. Nur mit jemandem selbst sprechen oder ihn fragen, das braucht man heute absolut nicht mehr.

Wie fast alles im Leben hat auch das Krebsforum zwei Seiten, die heilende helfende Seite und die süchtig machende, sich streitende oder »sich ärgern lassende« Seite (übrigens meistens um "ungelegte Eier"!). – Beide durfte und musste ich erfahren.

In dieser Zeit habe ich hier viel gelernt, dafür bin ich sehr dankbar, allen, auch denen, die mir nicht immer folgen wollten oder konnten.

Während meiner Zeit hier im Krebsforum hat mir der Kontakt und das Lesen von Erfahrungsberichten anderer Krebskranker sehr geholfen, mit meiner eigenen Krankheit umzugehen. Mir hat das Schreiben in diesem Forum gut getan, auch wenn es viel Zeit in Anspruch genommen hat. Es war die Zeit wert.

Über die Krankheit nachzudenken und sich darüber auszutauschen hilft, besser mit ihr umgehen zu können. Das ist nicht nur Hilfe für andere, sondern auch Hilfe für uns selbst. Krebs sollte uns aber auch mahnen, verantwortungsvoll(er) mit uns und unserer Umwelt umzugehen. Disharmonie macht krank und uns Krebs-patienten noch kränker, Harmonie dagegen stärkt nachweislich unsere Abwehrkräfte.

Respektvoller Umgang und Kommunikation miteinander erst recht zwischen Betroffenen ähnlichen Schicksals – Toleranz und Nachsicht natürlich mit eingeschlossen – ist unabdingbare Voraussetzung eines heilenden Prozesses, den wir Krebspatienten uns so sehnlichst wünschen und beachten sollten.

Ich schließe dieses Thread, in dem ich hier nicht mehr publiziere ... alles hat seine Zeit ... so wie es letztendlich mit allem geht: Vor-weg genommener Lebensrhythmus ...

Allen Lesern dieses Threads wünsche ich tiefere Erkenntnisse über sich, die Welt und was sie zusammenhält, ich wünsche Euch Har-monie, Gelassenheit, Freude, innere und äußere Heilung, Licht und Liebe von ganzem Herzen, auf dass alle das nächste Jahr (und so Gott will, noch viele, viele weitere Jahre) erleben,

herzlich,

stephan

Seit diesem »Abschiedsbrief« habe ich bis September 2009
nie wieder in einem Krebsforum publiziert.

Affirmation

Ich nehme mir Zeit
für die *wesentlichen* Dinge
in meinem Leben.

> Ihr habt jetzt Trauer,
> aber ich werde Euch wiedersehen
> und Euer Herz wird sich freuen.
> (Joh. 16,22)

Liebe Freundin, lieber Freund,

mit Bestürzung habe ich heute vom Tode Deines Vaters bzw. Schwiegervaters erfahren. In Gedanken war ich oft bei ihm, zumal es eine Schicksalsgemeinschaft mit uns beiden gab: Krebs (zur gleichen Zeit festgestellt). Noch vor gar nicht langer Zeit ließ ich mir von Dir, meine liebe Freundin, die Telefonnummer Deines Vaters geben, um mit ihm zu sprechen, denn er hatte sich für mich seit unserem letzten Wiedersehen auffallend verändert: Er wirkte ruhiger und gelassener, sprach mich von selber bezüglich unserer gemeinsamen Krankheit Krebs mit den Worten an: „Wir beide wissen, was wir haben, aber wir werden das Beste daraus machen!" – Dabei wirkte er auffallend befreit, ohne Angst, ohne Verdrängung seines Zustandes, bei vollem Bewusstsein: Das hat mir sehr imponiert, das soll auch mein Weg und Bewusstsein sein.

Von Dir, meine liebe Freundin, habe ich erfahren, dass Deinem Vater das Privileg des friedlichen Todes zu Teil wurde, ohne Leiden und Schmerzen sterben zu dürfen. Auch darüber hatten Dein Vater und ich noch zuletzt gesprochen. Mich beruhigt, dass sein Wunsch so in Erfüllung gegangen ist, wenn auch viel zu früh und unerwartet. – Heute bedaure ich, meinen Anruf auf die lange Bank geschoben zu haben.

Dass trotz seines schmerzfreien Todes auf Euch so schmerzhafte Trauer lastet, weiß ich sehr wohl.

Ich ahne die Fassungslosigkeit über den erwarteten, dann aber doch wieder so plötzlichen Tod eines geliebten und vertrauten Menschen, der nun nicht mehr wie selbstverständlich unter uns ist.

Und doch: »*Er ist!*« – So lange wir ihn in unseren Gedanken und Herzen behalten, an ihn denken, mit ihm sprechen, bleibt er weiter unter und mit uns! – Mag er ein Mensch mit Ecken und Kanten gewesen sein, eher verschlossen als mitteilsam, gerade zuletzt hatte ich den Eindruck, dass er für sich weise wurde, dem Tode ins Auge sehen konnte.

Nicht zuletzt spüre auch ich noch stärker meine Verbundenheit mit ihm: Vom Tode gezeichnet und trotzdem sich nach außen nichts anmerken zu lassen, eben leben und leben lassen!

Ihr sollt wissen, dass Ihr nicht alleine seid, dass viele Freunde und Verwandte an Euch und Euren Vater, Schwiegervater und Großvater denken.

Trauer kann man nicht sehen, nicht hören. Trauer kann man nur fühlen. Jeder erlebt sie auf seine Art. – So fühle ich auf meine Art mit: Ich schließe Euren Vater bzw. Schwiegervater und Euch in mein Gebet ein in der Hoffnung, dass aus Eurer Trauer einst Gewissheit, Stärke und Dankbarkeit darüber entsteht, dass man die Möglichkeit hatte, mit einem so einzigartigen Menschen, wie es Euer (Schwieger-) Vater mit all seinen Stärken und auch Schwächen war, hat so lange zusammen leben dürfen.

Obwohl wir um die Endlichkeit eines jeden Menschen wissen, schmerzt es uns, sie zu erfahren.

In tiefem Mitgefühl,

Stephan